PFLANZEN
gekonnt
IN SZENE SETZEN

STYLISHE IDEEN FÜR PFLEGELEICHTE ARRANGEMENTS

Megan George

 LV.Buch
Die Begeisterungswerkstatt

Inhalt

Einleitung

Ich bin in einem Haus voller Grünzeug aufgewachsen. Eine meiner frühesten Kindheitserinnerungen ist ein großes Pflanzen-Terrarium aus Glas, das stolz in einer Ecke im Eingangsbereich des Hauses meiner Oma stand. Dabei handelte es sich um ein Boden-Gewächshaus, das über 1,50 m hoch und voll mit üppigen Zimmerpflanzen war, die mit der Zeit langsam an den Innenwänden hochwuchsen. Mich zog es zu diesem Terrarium hin und ich habe immer meine Nase und Hände gegen das Glas gepresst, um die schöne Landschaft darin zu erkunden – ich mache das auch jetzt manchmal noch, mehr als 20 Jahre später.

Als ich The ZEN Succulent, meine Werkstatt für moderne Terrarien und Kunsthandwerk, eröffnet habe, habe ich zuerst ein Terrarium mit Sukkulenten angefertigt, denn mir gefielen die besondere Struktur, Formen und Farben dieser einzigartigen Pflanzen. Das war der Anfang meiner großen Liebe zu Sukkulenten, einer Liebe, die sich dann auf Luftpflanzen (Tillandsien) und lebendige Landschaften ausdehnte.

In den letzten Jahren wurden Pflanzen-Terrarien ziemlich populär, aber ihre Geschichte geht auf das frühe 19. Jahrhundert zurück. Der Arzt Nathaniel Ward hatte Schwierigkeiten, Farne in der verschmutzten Londoner Luft anzubauen und stellte fest, dass ein kleiner Farnsamen auf dem feuchten Boden in einem verschlossenen Glas, in dem er einen Kokon zur Beobachtung hielt, aufkeimte. Als er es weiter beobachtete, bemerkte er, dass die verdampfte Feuchtigkeit des Bodens tagsüber auf dem Glas kondensierte und nachts zurück auf den Boden tropfte, wobei eine feuchte, eigenständige Lebenswelt entstand. Ward veröffentlichte seine Beobachtungen über diese Miniatur-Gewächshäuser, die man später „Wardsche Kästen" nannte und die als Vorläufer moderner Terrarien gelten.

In diesem Buch wird anhand konkreter, unterschiedlicher Projekte die Welt der Sukkulenten und Luftpflanzen erklärt. Der erste Teil befasst sich mit den Voraussetzungen für dein Terrarium mit Sukkulenten und Luftpflanzen. Darin wird beschrieben, wie die Pflanzen gesund bleiben und wie man besondere Terrarien gestaltet. Der zweite Teil erklärt in Schritt-für-Schritt-Anleitungen, wie du dein eigenes Terrarium anlegst und wie du lebendige Landschaften perfekt in dekorative Gefäße einpassen kannst.

Als ich dieses Buch geschrieben habe, habe ich unzählige Stunden damit verbracht, mein Wissen über Sukkulenten und Luftpflanzen zu erweitern. Diese Zeit war eine schöne und beruhigende Zeit. Ich hoffe, dass die lebendigen Landschaften in diesem Buch dir ebenfalls helfen, zur Ruhe zu kommen. Dein Selbstvertrauen wird bei jedem Projekt wachsen, du wirst deine Vorlieben und Techniken entwickeln und vielleicht jedes Design mit deiner ganz persönlichen Ästhetik versehen.

Viel Spaß dabei

Erste Schritte

IN DIESEM KAPITEL FINDEN SICH meine persönlichen Hinweise für das Anlegen eines Pflanzen-Terrariums. Ich habe sie in all den Jahren gesammelt, in denen ich erfolgreich mit Sukkulenten und Luftpflanzen gearbeitet habe. Sie handeln von der Bodenschicht für Terrarien, von der richtigen Auswahl der Pflanzen für die jeweiligen Landschaften, von geeigneten Gefäßen und davon, wie man mit einfachen Mitteln große Wirkung erzeugen kann.

Hier kannst du nachlesen, wenn du Fragen zur Pflanzenpflege und zur Gestaltung hast. Wenn du deine eigenen Terrarien und Landschaften gestaltest und pflegst, wirst du aus deinen Versuchen mit den Pflanzen auch deine eigenen Tipps und Hinweise entwickeln. Wichtig ist, dass du Spaß dabei hast, aus deinen Experimenten zu lernen.

Werkzeug + Material

Die hier aufgelisteten Werkzeuge sind wichtige Helfer, wenn du Terrarien und lebendige Landschaften aus diesem Buch gestalten und pflegen möchtest. Für einzelne Projekte braucht man manchmal noch besondere Werkzeuge; diese werden bei den Projekten erwähnt.

WERKZEUG	VERWENDUNG
Sekundenkleber (1)	Für Pflanzen unschädlicher Klebstoff, mit dem Luftpflanzen und andere Materialien auf verschiedenen Oberflächen befestigt werden können; nimm klaren Klebstoff, damit man ihn später nicht sieht.
Stickgarn (2)	Zum Aufhängen, Befestigen und Verknoten von Pflanzenmaterial; kann auch als Farbakzent eingesetzt werden.
Pflanzendraht (3)	Zum Befestigen von Luftpflanzen an Holz oder anderen Pflanzen.
Gartenhandschuhe	Sie schützen die Hände bei den Pflanzarbeiten.
Hammer (4)	Zum Aufhängen von Terrarien und Anbringen von Nägeln zur Dekoration.
Kleiner Schlauch-schneider (5)	Zum Schneiden von Messingstangen für Blumenampeln.
Zeitung	Zum Schutz der Arbeitsfläche und zum besseren Handling von Kakteen.
Pinsel (6)	Zum Reinigen von Pflanzen oder anderem.
Bleistift	Nützlich zum Markieren beim Entwerfen von lebendigen Landschaften.
Gartenschere	Zum Zurückschneiden von Wurzeln, Entfernen von beschädigten oder verwelkten Blättern und Rückschnitt von wuchernden Pflanzen; außerdem zum Schneiden von Holz für Pflanzen-Arrangements.
Schere (7)	Zum Schneiden von Garn und Formen aus Rentierflechte und Moos; kann auch für die Pflanzen verwendet werden.
Sprühflasche (8)	Zum Befeuchten der Pflanzen falls nötig; auch zum Bewässern von Luftpflanzen.
Pinzette	Zum Platzieren von Steinchen, Muscheln, Hölzchen oder anderem Deko-Material in kleine Zwischenräume, für die Holzstäbchen zu groß sind.
Gießkanne	Am besten sind Gießkannen mit langem, schmalem Ausguss geeignet, mit denen man die Arrangements in den Gefäßen präzise bewässern kann.
Drahtschneider	Zum Schneiden von Gartendraht.
Holzstäbchen (9)	Zum Platzieren von Pflanzen oder anderen kleinen Materialien beim Gestalten des Terrariums.

Untergrund für die Pflanzen

TERRARIEN MIT SUKKULENTEN UND ANDEREN PFLANZEN

Bei einem Terrarium mit Sukkulenten und anderen Pflanzen wird die gesamte lebendige Landschaft auf der Bodenschicht aufgebaut. Ohne diese einfachen Zutaten kann das Terrarium nicht dauerhaft wachsen und gedeihen.

Diese Schichten sollten in der genannten Reihenfolge zusammengesetzt werden:

Erste Schicht: Sand und/oder Steine
Zweite Schicht: Aktivkohle
Dritte Schicht: Mischung aus Kakteen- und Sukkulentenerde
Vierte Schicht: Pflanzen und Dekorationselemente

SCHICHT AUS SAND UND/ODER STEINEN ALS DRAINAGE

Terrarien haben keine Drainagelöcher (denn es sind keine Blumentöpfe). Daher muss man dafür sorgen, dass das Wasser abfließen kann, sodass die Wurzeln der Pflanzen nicht geschädigt werden. Ideal sind Sand und/oder Steine wie etwa Kies, die es in vielen Farben und Formen gibt. Zuvor muss man sie mit Wasser reinigen und trocknen, um Rückstände, die die Pflanzen schädigen, zu entfernen. In diesem Buch werden Sand oder Steine (manchmal auch beides) als Drainage in Terrarien mit Sukkulenten, Kakteen und Moos verwendet.

AKTIVKOHLE-SCHICHT FÜR EINEN FRISCHEN DUFT

Mit einem Terrarium bringst du die Welt von draußen nach drinnen. Aber es ist wichtig, den feuchten, trüben Waldgeruch draußen zu lassen. Der Trick für ein frisches Terrarium ist eine dünne Schicht Aktivkohle.

EINE MISCHUNG AUS KAKTEEN- UND SUKKULENTENERDE ALS DRAINAGE UND NÄHRSTOFFLIEFERANT

Sukkulenten und Kakteen gedeihen gut, wenn das Wasser leicht aus dem Boden abfließt und sich nicht staut. Eine spezielle Kakteen- und Sukkulentenerde oder Kaktus-, Palm- und Zitruserde sind ideale Mischungen. Sie bilden die notwendige Drainage und liefern Nährstoffe, die Wurzelwachstum und Blütenbildung fördern. Man kann ebenso herkömmliche Topferde verwenden, aber keine Gartenerde, denn sie enthält zu viel Feuchtigkeit.

PFLANZEN EINSETZEN UND DEKORIEREN

Die obere Schicht in Terrarien mit lebendigen Landschaften bilden immer die vorsichtig eingesetzten Pflanzen. Für zusätzliche Farbtupfer und um das Design zu vervollständigen, kann man Dekorationselemente verwenden, die später in diesem Abschnitt behandelt werden.

TERRARIEN MIT LUFTPFLANZEN

Terrarien mit Luftpflanzen haben etwas andere Bedürfnisse, daher erfordern sie andere Zutaten. Hier braucht man nur zwei Schichten:
Erste Schicht: Untergrund
Zweite Schicht: Pflanzen und Dekorationselemente

UNTERGRUND (TROCKENE OBERFLÄCHEN ODER MATERIALIEN)

Terrarien mit Tillandsien (Luftpflanzen) brauchen einen Untergrund, der natürlicherweise trocken ist. Im Gegensatz zu Sukkulenten brauchen Luftpflanzen kein Substrat zum Wachsen und Gedeihen. Nasser oder feuchter Untergrund (wie Erde) verursacht durch die ständige Feuchtigkeit Fäulnis und lässt die Pflanze absterben. Beispiele für trockene Untergrundmaterialien sind Sand, farbige Steine und Kiesel, trockenes Holz und Rentierflechte und Moos.

PFLANZEN EINSETZEN UND DEKORATIONSELEMENTE HINZUFÜGEN

Luftpflanzen kann man einfach auf das Grundmaterial setzen und mit verschiedenen Pflanzen der Sukkulenten- und Bromelienfamilie sowie vielen anderen Pflanzenarten anordnen, denn so wachsen sie auch in ihrer natürlichen Umgebung. Sie können auch mit Gartendraht,

Stickgarn oder Kleber auf Zweigen, anderen Pflanzen oder Holzstücken montiert werden. Diese Techniken kannst du in verschiedenen Projekten dieses Buches finden. Für zusätzliche Farbe und Materialien kannst du noch Dekorationselemente hinzufügen.

Auswahl der Gefäße

Wenn man an Terrarien denkt, kommt einem wahrscheinlich zuerst das Bild üppiger Pflanzen in Gläsern in den Sinn. In der Tat ist Glas ideal, um die schöne Landschaft einschließlich der unteren Schichten von allen Seiten betrachten zu können. Aber du kannst deiner Kreativität freien Lauf lassen und auch mal andere Gefäße ausprobieren. Von Kaffeetassen, Sirupflaschen, Vintage-Windlichtern bis hin zu Messbechern eignen sich fast alle für eine einzigartige lebendige Landschaft, sofern sie wasserdicht sind und keine Löcher haben – die Größe spielt keine Rolle. Du kannst sogar auch einmal Gegenstände wie etwa Zweige oder Fahrradfelgen als Untergrund für deine Kreationen verwenden.

Wenn du dich für eine Vase oder ein Gefäß entscheidest, achte dabei auf deinen persönlichen Stil und Geschmack und führe dir den Platz vor Augen, an dem du dein Terrarium aufstellen möchtest. So kannst du deine Auswahl besser eingrenzen. Die folgenden grundlegenden (und wichtigen) Fragen können dir dabei ebenfalls helfen:

Hat das Gefäß keine Löcher und ist es wasserdicht? Im Gegensatz zu anderen Pflanzgefäßen haben Terrarien keine Drainagelöcher.

Kann man die Pflanzen in dem Gefäß auch von außen sehen? Gefäße aus klarem Glas sind für Terrarien immer eine gute Möglichkeit, weil du die Pflanzen und anderen Gegenstände gut von außen sehen kannst; leicht gefärbte Vasen eignen sich auch sehr schön.

Passen das Gefäß und die Pflanzen darin gut zusammen? Das Gefäß kann die lebendige Landschaft auch auf vielfache Weise ergänzen: Es kann bestimmte Farbtöne oder Strukturen der Pflanzen unterstreichen, indem man damit ihre Form aufnimmt oder ein notwendiges, schlichtes Element hinzufügt.

Wenn du diese Fragen mit „ja" beantwortest, bist du auf dem richtigen Weg, das perfekte Gefäß für dein Terrarium auszuwählen.

Die meisten Terrarien in diesem Buch sind offen, d. h. sie haben keinen Deckel zum Abdecken der Pflanzen. Sukkulenten und Luftpflanzen gedeihen in offenen Terrarien, weil dadurch die Luft zirkulieren kann, was für gesunde Pflanzen essenziell ist. Stelle Sukkulenten und Luftpflanzen nicht in vollständig geschlossene Behältnisse, wenn du dauerhaft etwas von ihnen haben möchtest.

Geschlossene Terrarien mit Deckeln sind ideal für Moose, tropische Zimmerpflanzen und Farne, um nur ein paar zu nennen. Darin entsteht ein feuchtes Klima, das die Pflanzen zum Wachsen benötigen.

Dekorationselemente + besondere Akzente

Terrarien sind natürlicherweise voller Farbe und Struktur. Durch Dekorationselemente und andere Akzente kannst du die natürliche Schönheit deiner Pflanzen unterstreichen oder der Gestaltung auch unerwartete Kontraste verleihen. Mit naturfarbenem Sand und einer Handvoll Kiesel kannst du zum Beispiel dein Kakteen-Terrarium in eine Wüstenoase verwandeln. Oder mit ein paar Muscheln und Weichkorallen den Charakter eines Terrariums mit Luftpflanzen, die normalerweise im Regenwald vorkommen, von einer tropischen zu einer Strandlandschaft verändern.

Einige Dekorationselemente wie Spanisches Moos, getrocknete und gefärbte Rentierflechte und Holz im Vintage-Look werden in diesem Buch verwendet, aber es gibt unendliche Möglichkeiten. Größere Steine, tönerne Pilze und sogar Miniaturfiguren können den Charakter eines Terrariums beeinflussen, wie du bei verschiedenen Projekten sehen wirst. Schrecke nicht davor zurück, mit vielen Materialien und Farben zu experimentieren. Grenzen werden dir nur durch deine eigene Kreativität gesetzt.

Ungewöhnliche Accessoires

Du findest sicher übliche und ungewöhnliche Gegenstände dein Terrarium. Meine besten Ideen beginnen meist, wenn mir etwas ganz Besonderes ins Auge fällt. Wenn ich über Flohmärkte laufe, sehe ich vielleicht ein verrostetes Rad eines Fahrrads und denke „Das würde toll aussehen, wenn man es aufpoliert und mit Terrariumpflanzen daran aufhängt", oder wenn ich in die Stadt fahre, kann mich bröckelnder Beton inspirieren.

Hier sind ein paar ungewöhnliche Accessoires für Terrarien und lebendige Landschaften, die deine Kreativität entfachen können:

- Beton
- alte Fahrradfelgen
- getrocknete Samenschoten
- Leder
- Holzbretter
- Messingrohre
- Lampenschirme
- Zweige von Reben
- Spielzeug und kleine Figuren
- konservierte Weichkorallen
- Teile von Spielen (Monopoly-Bausteine, Buchstaben von Scrabble)
- alte Schlüssel
- Stickgarn
- Keramikkacheln
- Kristalle (Amethyst, Quarz etc.)

Auswahl der Pflanzen

Sukkulenten und Luftpflanzen gibt es in vielen Größen, Strukturen, Formen und Farben. Angesichts so vieler Möglichkeiten kann man sich bei der Auswahl schnell überfordert fühlen. Folgende Dinge solltest du im Hinterkopf haben:

GRÖSSE

Wenn du Pflanzen für dein Terrarium aussuchst, achte immer zuerst auf die passende Größe. Eine Aloepflanze von 15 cm passt in eine 20 cm große Vase, aber es bleibt dann kein Platz mehr für andere Sukkulenten oder für Dekoration. Wenn du eine kleinere, 8 cm große Aloe nimmst, passen weitere Pflanzen und Dekorationselemente hinein und du kannst das Design abrunden. In diesem Buch verwenden wir für die Terrarien Topfpflanzen, die zwischen 5 cm und 15 cm groß sind, vor allem aber gestalten wir Arrangements, für die man 8–10 cm große Pflanzen braucht.

FARBE

Von dunklen Grün- und hellen Blautönen bis zu leuchtendem Pink und cremefarbenen Pastelltönen, die Farbpalette von Sukkulenten und Luftpflanzen ist unvergleichbar groß. Wenn du Terrarien gestaltest, lass dich von der Pflanzenfarbe inspirieren und ordne ähnliche Farbtöne miteinander an, wie etwa das Hellgrün der Schlangen-Fetthenne (*Sedum morganianum*) mit den intensiven Weißtönen einer *Crassula graptopetalum,* denn das wirkt beruhigend. Füge als Blickfang ein dunkel-glänzendes Rosetten-Dickblatt (*Aeonium arboreum)* mit dunkelroten Blättern hinzu.

STRUKTUR

Stachelig, glatt, weich und alles Mögliche dazwischen: Wie die Farbe so spielt auch die Struktur jeder Pflanze eine bestimmte Rolle bei deinem Arrangement. Entdecke verschiedene Strukturen und setze sie für ein bestimmtes Statement ein.

LICHT

Ob Sonnenlicht oder künstliches, alle Pflanzen benötigen Licht zum Leben. Wenn du dein Terrarium anlegst, wähle Pflanzen mit denselben Bedürfnissen dafür aus. Terrarien sollten keiner direkten Sonneneinstrahlung ausgesetzt werden, egal welche Pflanzen du dafür verwendest. Glas, das für viele Terrarien verwendet wird, wirkt wie ein Ofen, wenn es in prallem Licht steht, und die Pflanzen gehen ein. Aber die einzelnen Terrarienpflanzen haben unterschiedliche Ansprüche an das Licht, über die man sich zunächst informieren sollte.

Pflanzen für helle Standorte Die meisten Sukkulenten und alle Luftpflanzen gedeihen in hellem, indirektem Licht. Dazu gehören die Aloe, Pandapflanze (*Kalanchoe tomentosa),* Kalanchoe luciae, Zebrapflanze (*Haworthia fasciata),* Perle von Nürnberg (*Echeveria),* der Geldbaum (*Crassula ovata)* und alle Luftpflanzen.

Pflanzen für schattige Standorte Einige Sukkulenten haben sich an dunklere Umgebungen angepasst und können bei wenig Licht in einem Terrarium wachsen. Dazu gehören viele Haworthien und Aloen. Auch die meisten Moosarten wachsen bei wenig Licht.

Die besten 25 Pflanzen für dein Terrarium

Diese Liste mit Sukkulenten und Luftpflanzen ist meine Grundlage für viele unterschiedliche lebendige Landschaften. Ich greife immer wieder darauf zurück. Jede dieser Pflanzen trägt etwas Besonderes zur Gestaltung bei.

Die Pflanzen auf dieser Liste kannst du in den wärmeren Monaten im örtlichen Gartencenter kaufen oder im Internet bestellen und direkt bis zur Haustür liefern lassen. In diesem Buch arbeiten wir mit diesen, aber auch mit vielen anderen Pflanzen. Wie die meisten Pflanzen, die in den Projekten verwendet werden, sind sie leicht zu pflegen und eignen sich für alle Terrarien und lebendige Landschaften.

1. Die **Zebrapflanze _(Haworthia fasciata)_** ist eine meiner Lieblings-Terrariumpflanzen. Diese kleine immergrüne Sukkulente hat spitze Blätter, die mit weißen Streifen geschmückt sind (wie ein Zebra), und macht daher besonders viel her.

2. Die **_Tillandsia caput-medusae_** ist eine Luftpflanze mit schlangenförmigen, samtigen Blättern, im Frühjahr und Sommer entwickelt sie rote Blüten. Diese Luftpflanze kann bis zu 25 cm hoch werden und trägt zur Fülle von lebendigen Landschaften bei. Stecke sie für eine perfekt-schaurige Wirkung in Holzstücke im Vintage-Look.

3. Die **Pandapflanze _(Kalanchoe tomentosa)_** ist eine Sukkulente mit Tausenden winzigen Härchen und vereinzelten kleinen braunen Flecken auf einem einzigen Blatt. Sie gehört zu den beliebtesten Terrariumpflanzen. Es gibt sie auch in einem schönen Goldbraun.

4. Die **_Tillandsia streptophylla_** stammt aus Mittelamerika, Mexiko und den Westindischen Inseln. Ihre silbrig-grünen Blätter winden sich nach unten. Achte auf die leuchtend roten Triebe in der Blütezeit.

5. Die **_Tillandsia capitata_ ‚Peach'** mit ihrem schwungvollen, pfirsichfarbenen Kopf, pinkfarbenen Flecken und violetten Blüten gibt während der Blütezeit ein wahres Farb-Feuerwerk ab.

6

7

8

9

10

6. Die **Senecio serpens** ist eine fleischige Sukkulente mit schmalen, hellen, blaugrünen Blättern, die oft in Beeten wächst, aber auch perfekt für den Innenbereich geeignet ist. Ergänze damit dein Terrarium, wenn du noch eine höhere Pflanze und Farbkontrast brauchst.

7. Der **Hauswurz (Sempervivum)** kommt in vielen unterschiedlichen Farben und Formen vor, von Dunkeloliv bis zu Hellgelb, mit violettem oder rotem Touch und Blättern in verschiedenen Strukturen und Größen. Die größte Pflanze nennt man ,Henne', sie wird von kleineren, den ,Küken' umgeben. Arrangiere sie zusammen oder einzeln.

8. Die Hybride **Echeveria** „Perle von Nürnberg' ist eine schöne, rosettenförmige Sukkulente mit symmetrischen hellgrauen Blättern, die in der Mitte leicht ins Pink tendieren. Mit ihren sanften Farben kann man gut ein in Grün gehaltenes Terrarium auflockern.

9. Die **Tillandsia „Eric Knobloch"** ist eine große Hybridkreuzung aus der *Tillandsia brachycaulos* und *Tillandsia streptophylla*. Sie gilt aufgrund ihres intensiven Grüns und der spiralförmigen Blätter als Königin unter den Arten. Am schönsten ist sie, wenn sie in der Blütezeit hellrosa Blüten entwickelt. Damit kann man ein perfektes Statement setzen.

10. Die **Kalanchoe luciae** hat ungewöhnliche Blätter, die aussehen wie kleine, grüne Pfannkuchen. Sie sind um den Stiel angeordnet und biegen sich nach unten. Einige Varianten haben rote Ränder.

11

12

13

14

15

11. Der **Geldbaum** *(Crassula ovata)* hat viele glänzende, grüne Blätter, die an einem dicken Stamm nach oben wachsen. Einige Varianten der Zimmerpflanze können bis zu 1,50 m hoch werden, aber für Terrarien solltest du kleinere Arten verwenden, etwa die ‚Gollum', ‚Hobbit' oder ‚Mini Jade'. Sie passen zu jeder Landschaft.

12. Die **Tillandsia ionantha** ist eine Luftpflanze, die auf wenig Raum wächst. Es gibt sie in verschiedenen Farben, von Dunkelgrün (‚Guatemala') bis zu Leuchtendrot (‚Fuego'), oder auch in Blassgelb (‚Druid'). Sie wird meist 2,5–5 cm hoch, größere Varianten auch 10–13 cm.

13. Die **Tillandsia hondurensis** hat weiche, silbrige Blätter, die mit den nach außen wachsenden Wurzeln aussehen, als wären sie in Bewegung. In der Blütezeit färbt sie sich rot bis pink.

14. Die **Haworthia reinwardtii** färbt sich von Olivgrün am unteren bis zu Burgunderrot im oberen Bereich. Diese Sukkulente eignet sich gut, um im Terrarium den Bodenbereich abzudecken.

15. Die **Kalanchoe fedtschenkoi** hat atemberaubende große, blau-grüne Blätter mit muschelförmigen Rändern in Weiß und Pink, die aussehen wie handgemalt. Diese Sukkulente wächst aufrecht und ist daher perfekt, um dem Bodenbereich deines Terrariums Farbe hinzuzufügen.

16

17

18

19

20

16. Die *Faucaria stomatium* ist eine dichte, niedrig wachsende Sukkulente, deren Blätter sich übereinanderzuschmiegen scheinen. Sie hat flaumige, grüne Blätter mit weißen Rändern und Punkten, die ins Pink tendieren.

17. Die *Tillandsia xerographica* ist eine wahre Schönheit mit ihren kaskadenartig nach unten wachsenden, silbrigen Blättern. Auch in den einfachsten Behältnissen zieht sie die Blicke auf sich.

18. Die *Haworthia limifolia* ‚**Fairy Washboard**' hat spiralförmige, immergrüne Rosetten. Im Gegensatz zu anderen Haworthien sind ihre Blätter flach und sehr

fest. Daher benötigt sie in einer lebendigen Landschaft etwas mehr Platz.

19. Die **Berg-Aloe** *(Aloe marlothii)* ist mit ihren stacheligen Blättern keine typische Aloe. Sie passt gut in raue Wüstenlandschaften oder zu anderen extremen Gegenständen und Pflanzen.

20. Die *Echeveria* ‚**Lola**' ist eine rosettenförmige Sukkulente mit einem natürlichen Ombré-Effekt, der langsam von einem Hellgrün über Hellviolett bis Hellpink verläuft. Aufgrund ihrer eleganten Form wird sie auch gerne für Brautsträuße verwendet.

21. Die *Tillandsia stricta* ist eine der beliebtesten Luftpflanzen. Trotz ihres leuchtendpinken Stiels sind die Blüten violett. Es gibt viele unterschiedliche Hybriden in allen Größen, die alle lange, fächerartig angeordnete Blätter haben.

22. Die *Tillandsia brachycaulos abdita* hat glänzende, rote Blätter, die fächerartig in alle Richtungen wachsen. Für einen tollen Farbkontrast kombiniere ich sie gerne mit den verschiedenen Grüntönen der Moose.

23. Die *Tillandsia magnusiana* ist eine wuschelige Pflanze mit fadenförmigen Blättern. Aufgrund ihres Umfangs sollte man beim Einpflanzen in ein Terrarium vorsichtig sein. Sie ist meine Lieblingspflanze.

24. Die **Aloe „Waimsley's Bronze"** gehört zu den pflegeleichtesten Sukkulenten. Sie vermehrt sich auch schnell und die Ableger können leicht neu eingesetzt werden. Mit ihren spitzen, fleischigen Blättern, deren Farbe in einen leuchtenden Bronzeton übergeht, passt sie gut in jedes Terrarium.

25. Die *Anacampseros rufescens* hat olivgrüne Blätter, die sich rubinrot färben. Bei Lichteinstrahlung wird die Farbe noch intensiver. Mit den dichten, sternförmigen Blättern passt diese kleine rosettenförmige Sukkulente gut in eine Landschaft mit blütenförmigen oder spitzen Sukkulenten.

Ergänzende Pflanzen

Du kannst noch andere Pflanzenarten in dein Terrarium setzen und so die Struktur, Farben, Höhe oder Ausdehnung weiter gestalten. Diese Miniaturpflanzen sollte man in 10 cm großen oder kleineren Töpfen kaufen. Nimm nicht zu viele davon, damit sie die anderen Gewächse nicht erdrücken.

Wenn du sie planvoll einsetzt, können diese Pflanzen dein Arrangement erweitern und die Hauptpflanzen hervorheben. Die folgenden Pflanzen sind tolle Zusätze für Terrarien und andere lebendige Landschaften, einige davon werden in diesem Buch verwendet.

MOOS- UND FARNARTEN

Selagainella-Moosfarn, Polstermoos *(Leucobryum),* Gabelzahnmoos *(Dicranum),* Goldenes Frauenhaarmoos *(Polytrichum commune),* Schlafmoos *(Hypnum),* Kissenmoos, tropische Moosarten, Schwertfarn *(Nephrolepsis exaltata),* Zimmerfarn

FLEISCHFRESSENDE PFLANZEN

Venusfliegenfalle *(Dionaea muscipula),* Sonnentau *(Drosera),* Schlauchpflanzen *(Sarracenia),* Fettkräuter *(Pinguicula)*

TROPISCHE PFLANZEN

Indische Seilpflanzen *(Hoya),* Mosaikpflanzen *(Fittonia verschaffeltii),* Usambaraveilchen *(Saintpaulias),* Zwergpfeffer *(Peperomia caperata ‚Variegata')*

Diese Pflanzen können alle auch als Hauptpflanze in einem Terrarium verwendet werden. Beachte bitte, dass sie möglicherweise zusätzliche Pflege, Rückschnitt, Futter (nur fleischfressende Pflanzen), Dünger und Wasser benötigen.

Pflege

Bei der Auswahl von Sukkulenten und Luftpflanzen solltest du darauf achten, dass sie gesund sind. Untersuche daher alle Blätter und entferne blasse, beschädigte oder verwelkte, bevor du eine Pflanze in dein Terrarium setzt. Die meisten Pflanzen haben einige Zeit draußen verbracht, weshalb du sie vorsichtig nach Insekten absuchen solltest. Entferne sie, bevor du sie einpflanzt oder kaufe einfach eine neue Pflanze.

SUKKULENTEN

Sukkulenten findet man häufig in trockenen Wüsten- oder Halbwüsten-Landschaften. Man unterscheidet über fünfzig Pflanzenfamilien mit vielen Formen, Strukturen, Mustern und Farben. Sie haben dicke Blätter und Stiele, in denen sie Wasser speichern. Die wichtigsten Pflegehinweise werden im Folgenden aufgelistet.

Licht. Die meisten Sukkulenten benötigen helles, indirektes Licht, vor allem wenn sie in Glasbehältnissen stehen. Damit die Pflanzen auch in Räumen gesund bleiben, sollten sie an einem Fenster, in einem Zimmer mit natürlichem Lichteinfall oder mit künstlichem Licht aufgestellt werden. Wenn sie lange, dünne Stiele entwickeln und/oder die Blätter dünn werden und sich entfärben, ist das eine Zeichen für Lichtmangel; erhöhe dann langsam den Lichteinfall.

Wasser. Der Schlüssel für gutes Gedeihen liegt im wöchentlichen, sparsamen Gießen (manchmal auch in größeren Abständen). Gieße das Wasser vorsichtig direkt in das Terrarium um die Pflanzen herum. Gieße es nicht direkt auf die Blätter, die dadurch beschädigt werden können. Gieße auch nicht zu viel, der Boden soll zwischendurch immer wieder austrocknen. Die benötigte Wassermenge lässt sich gut anhand der Größe des Pflanzgefäßes ermitteln.

ÜBERWÄSSERUNG ODER WASSERMANGEL BEI SUKKULENTEN

Zeichen von Überwässerung: verfärbte (gelbe oder weiße) Blätter, weiche Blätter, die Pflanze wächst nicht. Wenn du es rechtzeitig bemerkst, entferne alle abgestorbenen Blätter und nimm die Pflanze heraus, um die Wurzeln zu überprüfen. Wenn sie braun (gesunde Wurzeln sind weiß) und verfault sind, entferne sie sofort und setze die Pflanze wieder ein. Reduziere die Wasserzufuhr und verfolge, ob sich die Pflanze erholt. Wenn nicht, entferne sie endgültig aus dem Terrarium. Andere Zeichen von Überwässerung sind gänzlich verfaulte Pflanzen. In diesem Fall sollte die ganze Sukkulente entfernt und durch eine gesunde Pflanze ersetzt werden.

Zeichen von Wassermangel: braune Flecken auf den Blättern, Blätter fallen ab. Wenn du es rechtzeitig bemerkst, entferne abgestorbene Blätter und erhöhe die Wasserzufuhr oder gieße häufiger. Denke daran, dass Sukkulenten im Frühling und Sommer mehr Wasser benötigen.

WASSERBEDARF ANHAND DER BEHÄLTNISGRÖSSE ERMITTELN

kleines Behältnis (13–18 cm)	wöchentlich ca. 60 ml
mittleres Behältnis (20–25 cm)	wöchentlich ca. 120 ml
großes Behältnis (28–36 cm)	wöchentlich ca. 240 ml

Für viele Sukkulenten sind die Sommermonate eine Wachstumszeit, weshalb sie dann mehr Wasser benötigen. Im Winter müssen sie seltener gegossen werden, ungefähr alle 10–14 Tage bzw. nach Bedarf. Teste am besten immer den Boden – er sollte feucht, aber nicht nass sein. Gieße eine Sukkulente nur, wenn der Boden trocken ist, damit sie nicht fault.

Luftzirkulation. Achte darauf, dass die Sukkulenten in einem Behältnis und an einem Standort stehen, die gut belüftet sind.

Wachstumszyklus und Blütezeit. Sukkulenten wachsen im Frühling und Sommer und ruhen manchmal im Herbst und Winter. Während der Ruhezeit bevorzugen sie Temperaturen zwischen 7–13 °C, so können sie Knospen bilden. Alle Sukkulenten blühen. Die Farben, Formen und Größe der Blüten variieren von Pflanze zu Pflanze.

Dünger. Um die Gesundheit der Sukkulenten zu fördern, kann man entsprechend den Herstellerangaben optional einen niedrig dosierten, löslichen Spezialdünger verwenden.

LUFTPFLANZEN

Luftpflanzen, auch Tillandsien genannt, kommen ursprünglich in warmem Klima, auch in Wüsten, tropischen Regenwäldern und Bergregionen vor. Da sie sich an viele unterschiedliche Umgebungen angepasst haben, variieren sie stark in ihrer Struktur, Farbe und Größe. Es ist eine weitverbreitete Meinung, dass Luftpflanzen zum Überleben nur die Luft brauchen (wie ihr Name sagt) und kein Wasser. Aber das stimmt nicht. Luftpflanzen benötigen Wasser, Luftzirkulation und Licht, sind aber anspruchslos, weil sie nur wenig Pflege brauchen. Die wichtigsten Pflegehinweise werden im Folgenden aufgelistet.

Licht. Alle Luftpflanzen benötigen helles, indirektes Licht, vor allem wenn sie in Glasbehältnissen gepflanzt sind. Halte deine Luftpflanzen gesund, indem du sie an ein Fenster, in künstliches Licht oder nach draußen in den Schatten stellst.

Wasser. Gieße immer die ganze Pflanze und nicht nur die Wurzeln (wenn die Luftpflanze welche hat). Es gibt drei beliebte und effektive Arten, sie zu bewässern: durch Besprühen, Eintauchen oder Abwaschen. Alle Pflanzen müssen bei Trockenheit oder Wärme häufiger und bei Kälte weniger gewässert werden.

Das **Besprühen** wird in diesem Buch als Bewässerungs-Methode für Arrangements mit Luftpflanzen empfohlen. Verwende dafür eine Sprühflasche und besprühe die gesamte Oberfläche der Pflanze zwei- bis viermal in der Woche bzw. nach Bedarf. Nimm die Luftpflanze dafür aus dem Terrarium oder besprühe sie einfach in dem Behältnis. Besprühe dann aber nur die Pflanze. Sprühe nicht zu viel Wasser auf einmal, sondern lieber regelmäßig. Pflanzen, die auf Dekorationselemente montiert sind, kann man durch Besprühen gut bewässern, ohne sie von der Dekoration abnehmen zu müssen.

Beim **Bewässern** durch Eintauchen wird die Pflanze einmal wöchentlich bzw. nach Bedarf für 20–45 Minuten in kaltes Wasser gestellt. Dies ist eine gute Wahl für größere Tillandsien, denn so wird jeder Teil der Pflanze mit ausreichend Wasser versorgt. Dekorationselemente müssen dafür nicht entfernt werden.

Nimm zum **Abwaschen** die Luftpflanze in die Hand und lass zweimal wöchentlich 2–3 Minuten kaltes Wasser aus dem Wasserhahn oder der Dusche vorsichtig darüber laufen. Dafür müssen die Pflanzen aus ihrem Behältnis genommen werden, aber das ist gut, um sie durch und durch zu wässern, vor allem wenn sie auf Holz oder Steinen befestigt sind.

Um zu verhindern, dass sich Wasser zwischen den Blättern staut (und diese dadurch faulen), drehe die Luftpflanzen nach dem Bewässern um und schüttele überschüssiges Wasser vorsichtig ab. Lasse sie trocknen, bevor du sie zurück in das Behältnis setzt (wenn du sie besprühst, ist das nicht notwendig).

Luftzirkulation. Luftpflanzen mögen frische Luft. Achte darauf, dass deine Luftpflanze in einem Behältnis und an einem Standort steht, die gut belüftet sind.

Wachstumszyklus und Blütezeit. Luftpflanzen wachsen das ganze Jahr über und bilden Ableger, sogenannte „Kindl". Luftpflanzen produzieren in den Blüten auch Samen. Die Blütezeit, -dauer, -farbe und -größe variieren von Art zu Art.

Dünger. Zur Gesundheitsförderung kann man einmal im Monat optional einen stickstoffhaltigen Spezialdünger verwenden. Beachte die Herstellerangaben.

ÜBERWÄSSERUNG ODER WASSERMANGEL BEI LUFTPFLANZEN

Zeichen von Überwässerung: Luftpflanzen nehmen nur so viel Wasser auf wie sie benötigen, sodass sie kaum überwässert werden können. Aber wenn sie zwischen dem Bewässern nicht austrocknen, können ihre Blätter faulen, wovon sie sich nicht erholen. Um das zu verhindern, sollten sie nach dem Bewässern immer trocknen und auf eine trockene Fläche mit guter Luftzirkulation gelegt werden.

Zeichen von Wassermangel: eingedrehte, verschrumpelte und braune, abgestorbene Blätter. Wenn du das rechtzeitig bemerkst, entferne alle verwelkten Blätter und tauche die Pflanze für 5 Stunden oder über Nacht in Wasser; lasse sie danach trocknen. Achte darauf, ob sie sich erholt und sie ihre Farbe wiedererlangt.

GESUNDE PFLANZEN

Sauberkeit ist immer wichtig, das gilt auch für lebendige Landschaften. Du solltest dein Behältnis sauber halten, damit deine Sukkulenten, Luftpflanzen und anderes Grün gesund bleiben. Entferne regelmäßig Feuchtigkeit und Staub von Glasbehältern. Wenn du verblichene, beschädigte oder verwelkte Blätter entdeckst, entferne sie sofort. So verhinderst du, dass sich Pilze bilden. Die größte Gefahr für lebendige Landschaften aus Sukkulenten und Luftpflanzen ist Schimmel, der durch Überwässerung und schlechte Luftzirkulation entsteht. Wenn deine Landschaft Anzeichen für Schimmel aufweist, tausche die Erde aus und schneide die Blätter und Stiele zurück. Wenn du Schimmel auf über 40 % der Terrariumsfläche entdeckst, wirf den gesamten Inhalt weg (ein-

schließlich der Pflanzen und Holzdekoration; Steine und andere waschbare Stücke können gerettet und mit heißem Wasser gereinigt werden). Wasche das Gefäß mit heißem Wasser aus und beginne von vorne.

Außerdem kann Überwässerung auch Insekten und Schädlinge anlocken. Ein Terrarium mit Sukkulenten oder Luftpflanzen, das zu feucht ist, bildet einen idealen feuchten Lebensraum für Insekten, die ihre Eier im Boden ablegen. Wenn du Insekten beim oder im Terrarium entdeckst, tausche den befallenen Bereich sofort aus. Je nach Befall muss die Pflanze herausgerissen und der Boden erneuert werden. Verwende bei Bedarf ein Insektizid und achte auf die Herstellerangaben.

Sukkulenten, Kakteen + Luftpflanzen pflanzen

Reinige zuerst das Behältnis für dein Terrarium mit heißem Wasser, um mögliche Partikel zu entfernen, die deine Pflanzen schädigen können. Bereite dann die Pflanzen vor. Pflanzen (auch Sukkulenten), die in Erde gesetzt werden, müssen „barfuß" sein. Das heißt, ihre Wurzeln sollten vorsichtig von Erde gereinigt werden. Wenn deine Pflanze extrem lange Wurzeln hat (länger als 10 cm), schneide sie vorsichtig mit einer Garten- oder Haushaltsschere um 2,5–5 cm zurück. So wird die Pflanze nicht verletzt und lässt sich besser einsetzen.

Bereite die Erde vor, wenn die Wurzeln der Sukkulenten freiliegen, und wässere sie, bis sie sich feucht anfühlt. Grabe ein Loch hinein, das groß genug für die Wurzeln ist, und setze die Pflanze hinein. Achte darauf, dass alle Wurzeln bedeckt sind und fest in der Erde sitzen.

Einige Terrarien in diesem Buch werden mit Kakteen bepflanzt, die zu den Sukkulenten gehören. Sie werden genauso wie andere Sukkulenten gepflanzt, wobei man auf die Stacheln achtgeben muss. Trage am besten Gartenhandschuhe oder verwende ein mehrfach längs gefaltetes Blatt Zeitungspapier, um deine Hände zu schützen.

Luftpflanzen werden nicht in Erde gesetzt. Setze oder befestige sie auf einer trockenen Oberfläche, wie etwa Sand, Kieselsteine und getrockneter Rentierflechte. Bei manchen entdeckst du vielleicht an der Unterseite strohartige Stiele – das sind die Wurzeln.

Aber nicht jede Luftpflanze hat Wurzeln und manche Arten entwickeln sie erst mit Zeit. Im Gegensatz zu Sukkulenten sammeln sie keine Nährstoffe und Wasser, sondern sorgen für Halt an Bäumen, Zweigen und anderen Oberflächen in der Natur. Die Wurzeln von Luftpflanzen kannst du in deinem Terrarium leicht verstecken, indem du sie unter der Füllschicht verbirgst oder vorsichtig auf die Seite steckst. Sie sollten nicht entfernt werden, denn sie bilden sich dicht an der Unterseite der Pflanze, die dabei schnell beschädigt werden könnte.

Wenn du deine Sukkulenten oder deine Luftpflanzen eingesetzt hast, kann noch etwas Erde oder Sand an den Blättern haften – entferne sie vorsichtig mit einem Pinsel. So sieht dein Arrangement sauberer, moderner aus und deine Pflanzen bleiben gesund.

Gestaltung von Terrarien

Art, Farbe und Größe der Pflanzen spielen eine wichtige Rolle für die Gestaltung von Terrarien und lebendigen Landschaften. Die in diesem Buch gezeigten Designs entsprechen meinem persönlichen Geschmack und sollen natürlich und zugleich modern wirken. Ich versuche, Landschaften zu formen, die aussehen, als wären sie direkt ihrer natürlichen Umgebung entnommen. Experimentiere ruhig mit Terrarien und Landschaften, gestalte sie nach deinen eigenen ästhetischen Vorstellungen. Die unten angeführten Hinweise helfen dir dabei.

Lege ein Thema fest. Mit einem Thema verleihst du deinem Terrarium ein unverwechselbares Design. Du kannst es gleich zu Anfang festlegen und deine Pflanzen und ergänzende Elemente entsprechend auswählen. Vielleicht fühlst du dich aber auch zu bestimmten Pflanzen hingezogen, die dich zu speziellen Themen inspirieren. Vielen Projekten in diesem Buch liegt ein Thema zugrunde, sodass du sehen kannst, wie man es gestaltet.

Bestimme den Hauptakzent. Alles beginnt mit einer Pflanze, die den Hauptakzent bildet. Das ist die Pflanze, die du in den Mittelpunkt stellen willst, sei es wegen ihrer Struktur, Farbe oder Größe, und die das ganze Arrangement inspiriert (das nicht unbedingt darum herum angeordnet werden muss). Baue dein Terrarium oder deine lebendige Landschaft von dieser Pflanze ausgehend mit ergänzenden Pflanzen (mit ähnlicher, ergänzender Struktur, Farbe oder Form) auf.

Stufe die Anordnung ab. Am besten setzt man die Pflanzen in Terrarien und lebendigen Landschaften in Szene, indem man sie stufenweise auf einer unteren, mittleren und höheren Ebene anordnet. Ein solcher Höhenunterschied erzeugt Fülle und lässt das Arrangement interessanter wirken. Auch mit Dekorationselementen kannst du Dimensionen hinzufügen.

Probiere aus. Teste die Anordnung und Gestaltung zuerst im leeren Behältnis. Setze die Pflanzen hinein, ohne sie gleich einzupflanzen, damit du ein besseres Gefühl dafür bekommst, wie sie an ihrem Platz wirken. Du kannst sie auch zunächst auf Zeitungspapier legen, um zu sehen, wie sie zusammen wirken, bevor du mit dem eigentlichen Pflanzen beginnst.

Umgebung + Gestaltung wählen

Das Terrarium oder die Landschaft selbst zu gestalten, ist nur ein Teil des Designs. Du solltest auch die Umgebung dafür sorgfältig auswählen. Ich setze Terrarien gerne an Orte, an denen Familie und Freunde oft zusammenkommen. Ein großes Arrangement aus Sukkulenten mit dichtem, grünem Blattwerk auf einem Esstisch aus Kirschholz erzeugt die passende Stimmung für wärmende Worte. Vielleicht inspiriert dich auch ein Arrangement aus lebendigen Pflanzen auf deinem Schreibtisch und sorgt für Entspannung. Hänge doch auch einmal ein Terrarium mit Luftpflanzen vor ein helles Küchenfenster oder tausche deine Nachttischlampe gegen eingetopfte Moospflanzen in einfachen, unterschiedlich hohen Behältnissen.

Terrarien können auch der Dekoration für bestimmte Veranstaltungen eine besondere Note verleihen. Mit fleischfressenden Pflanzen in Apothekergefäßen in unterschiedlichen Formen kannst du einer abendlichen Dinner-Party Farbe und Stimmung verleihen. Nach der Feier können die Gefäße an verschiedenen Stellen im Haus zur Dekoration aufgestellt werden.

Wenn du den richtigen Standort für dein Terrarium gefunden hast, ordne es mit anderen Elementen, wie etwa Büchern, Figuren, Keramik oder anderen Topfpflanzen an und unterstreiche auf diese Weise das Design. In diesem Buch findest du Beispiele dafür, wie du Terrarien schön präsentieren kannst.

Denke daran, dass Sukkulenten und Luftpflanzen helles, indirektes Licht benötigen, um im Zimmer zu gedeihen. Ein Standort an nach Süden, Osten oder Westen ausgerichteten Fenstern und in Zimmern mit künstlichem Licht ist gut. In den Sommermonaten (oder in Gegenden mit ganzjährig wärmerem Klima) kann man Terrarien oder lebendige Landschaften mit Sukkulenten und Luftpflanzen bei besonderen Anlässen auch (kurz) nach draußen stellen, sofern sie im Schatten stehen.

Anleitungen für Terrarien + lebendige Landschaften

AUF DEN FOLGENDEN SEITEN findest du Beispiele, mit denen du dein neu erworbenes Wissen über Pflanzen anwenden und dabei etwas Modernes, Frisches und Schönes erschaffen kannst. Wenn ich noch einmal über diese Projekte nachdenke, merke ich, dass ich bei jedem etwas Besonderes mit einem eigenen Thema und Look machen wollte, an dem man jeden Tag seine Freude hat. Zugleich sollten sie Anfänger begeistern und herausfordern sowie erfahrene Bastler dazu inspirieren, etwas Eigenes zu erschaffen. Ich hoffe, dass du diese Anleitungen und Bilder als Ausgangspunkt betrachtest und deine eigene Kreativität walten lässt.

Meine Lieblingsbehältnisse für Terrarien sind solche aus Glas. Ich mag es, dass man darin die einzelnen Schichten der Terrarien und die Pflanzen mühelos von allen Seiten betrachten kann. Für viele Projekte wurden Glasbehältnisse verwendet und dabei habe ich versucht, lebendige Landschaften aus natürlichen und auch ungewöhnlichen Materialien zu schaffen.

Oft werde ich gefragt, wie man für bestimmte Events und Gelegenheiten andere als die üblicherweise verwendeten Pflanzen auf ungewöhnliche Weise präsentieren kann. Als häufiger Gast auf Dinner-Partys und gelegentliche Gastgeberin wollte ich einige meiner Lieblingsdesigns für lebendige Landschaften zeigen, mit denen man bei besonderen Gelegenheiten Aufmerksamkeit erzeugen kann. Zugleich gebe ich Tipps, wie man sie in die Dekoration eingliedert. Diese speziellen Event-Designs sind hinten im Buch zu finden. Jetzt wird es aber Zeit, loszulegen.

Lebhafte Küste

HÄNGE-TERRARIUM MIT LUFTPFLANZEN UND MEERES-ELEMENTEN

Luftpflanzen

Tillandsia ionantha var. mexico

Tillandsia ionantha ,Rubra'

Tillandsia capitata ,Peach'

Material

runde Hänge-Vase aus Glas, 18 cm ø

getrocknete Rentierflechte in 3 Farben

Sand

getrocknete Weichkoralle in Rot/Orange

3 bunt gestreifte haitianische Meeresschneckenhäuser

2 weiße Muscheln

1. **Fülle Sand und getrocknete Rentierflechte ein.** Fülle die Vase vorsichtig bis knapp unter die Öffnung mit Sand. Nimm dann von jeder Farbe Rentierflechte eine Handvoll und ordne sie darauf an. Lege die dunkelste Flechte nach hinten und die hellste nach vorne. Verstecke die Kanten der Flechte im Sand.

2. **Füge die Weichkoralle und Luftpflanzen hinzu.** Stecke die Weichkoralle hinein, ein Stück nach hinten in die dunkle Flechte und das andere weiter nach vorne. Gib dann die Luftpflanzen dazu und stecke sie in den Sand oder lege sie auf die Flechte.

3. **Dekoriere mit den Muscheln.** Verteile die Muscheln im Terrarium. Ordne sie um die Pflanzen herum an oder streue sie locker in den Sand. Hänge das fertige Terrarium in helles, indirektes Licht. Besprühe die Pflanzen zweimal wöchentlich oder nach Bedarf mit Wasser.

Lebendige Kränze

KRÄNZE AUS WEINREBEN MIT TROMMELSTÖCKCHEN

Luftpflanzen

10–12 von den folgenden Pflanzen, pro Kranz:

Tillandsia butzii, Tillandsia capitata ‚Peach', *Tillandsia flabellata,* Rubra', *Tillandsia harrisii, Tillandsia ionantha, Tillandsia scaposa, Tillandsia streptophylla, Tillandsia stricta,* Spanisches Moos *(Tillandsia usneoide)*

Material + Werkzeug

drei Kränze aus Weinreben, 15 cm ø

getrocknete Rentierflechte

getrocknete, mit Moos bedeckte Zweige

6 getrocknete Trommelstöckchen (Craspedia)

Sekundenkleber (optional)

Deko-Nadeln

1. **Ordne die Luftpflanzen und Rentierflechte an.** Ordne 10–12 Luftpflanzen und getrocknete Rentierflechte auf den Kränzen an. Befestige die Luftpflanzen nicht, bis du dir über die Gestaltung sicher bist. Ich habe beispielsweise die Luftpflanzen immer nur auf einer Hälfte der Kränze angeordnet und die andere frei gelassen.

2. **Befestige die Luftpflanzen und Rentierflechte.** Wenn du dich für eine Anordnung entschieden hast, hebe die Weinrebenzweige der Kränze an und stecke die Luftpflanzen und Rentierflechte vorsichtig darunter fest. Um sie zu sichern, kannst du sie mit Kleber befestigen. Bedenke, dass du die Pflanzen dann nicht mehr verschieben kannst.

3. **Vervollständige das Design.** Schneide die Stiele der Trommelstöckchen auf 6 cm zurück. Stecke sie mit dünnen, moosbedeckten Zweigen und Deko-Nadeln in den Kranz, der so ein fülliges, strukturiertes Aussehen erhält. Ich habe auf 2 Kränze Trommelstöckchen und auf den dritten Deko-Nadeln gesteckt. Hänge das Trio zusammen oder getrennt in helles, indirektes Licht. Besprühe die Luftpflanzen zweimal wöchentlich oder nach Bedarf mit Wasser, ohne sie vom Kranz abzunehmen.

Felsenlandschaft in Stufen

TISCH-TERRARIUM MIT SUKKULENTEN UND TÜRKISFARBENEN STEINEN

Sukkulenten

Anacampseros im Topf, 8 cm

2 *Crassula ovata* ‚Hobbit' im Topf, 8 cm

Haworthia attenuata radula ‚Hankey Zwerg-Aloe' im Topf, 8 cm

Portulacaria afra ‚Speckbaum' im Topf, 8 cm

Graptosedum ‚Vera Higgins' im Topf, 10 cm

2 *Crassula graptopetalum paraguayense* im Topf, 8 cm

Pachyveria im Topf, 10 cm

Euphorbia spiralis im Topf, 8 cm

Haworthia chloracantha im Topf, 8 cm

Material

runde Glasschale, 25 x 10 cm

Sand

Mischung aus Kakteen- und Sukkulentenerde

Aktivkohle

dekorative türkisfarbene Steine

große türkisfarbene Mineralsteine (hier wurden Steine vom Utah Lake verwendet)

1. **Sand und Steine einfüllen.** Befülle das Gefäß vorsichtig zu einem Fünftel mit Sand und einem weiteren Fünftel mit türkisfarbenen Steinen.

2. **Gib Aktivkohle, Erde und Mineralsteine darauf.** Streue eine dünne Schicht Aktivkohle und dann die Erdmischung über die Steine, bis das Gefäß zu einem weiteren Fünftel gefüllt ist. Ordne die türkisfarbenen Mineralsteine in der Mitte der Schale an und lass immer 5 cm dazwischen Platz. Forme mit etwas weiterer Erde einen kleinen Hügel um die freien Stellen – darauf werden stufenartig die Sukkulenten gesetzt.

3. **Arrangiere die Pflanzen.** Nimm die Pflanzen aus ihren Töpfen und entferne Erdreste von den Wurzeln. Arrangiere die Pflanzen stufenartig und pflanze sie vorsichtig von der Mitte ausgehend nacheinander ein.

4. **Füge weitere Steine hinzu.** Bedecke noch sichtbare Erde mit weiteren türkisfarbenen Steinen. Stelle das Terrarium an einen hellen Platz mit indirekter Lichteinstrahlung. Wässere die Pflanzen einmal wöchentlich oder nach Bedarf.

Natürlich umhüllt

TERRARIUM MIT LUFTPFLANZEN UND HANFSEI

Luftpflanzen

Tillandsia streptophylla

Tillandsia stricta soft

Tillandsia ionantha ‚Guatemala'

Material

durchsichtiges Glasgefäß, 15 x 16 cm

zerstoßener Korallenbruch

getrocknete Rentierflechte

getrocknete Flechte

Rattanfrüchte am Zweig*

Hanfseil, 36 cm lang, 16 mm dick

* Ein guter Ersatz für Rattanfrüchte am
  Zweig sind Walnussschalen; sie sehen
  genauso gut aus und sind vielleicht
  leichter zu bekommen.

1. **Fülle den Sand ein.** Streue den
   Korallenbruch gleichmäßig in
   das Gefäß und befülle dieses zu
   einem Fünftel.
2. **Erzeuge mit dem Seil Höhe.**
   Drehe das Seil zu einer S-Form
   und lege es flach in das Gefäß.
   Hebe es in der Mitte an und
   verleihe dem Arrangement so
   eine weitere Dimension.

3. Gib Rentierflechte und getrocknete Flechte hinzu.
Verteile einzelne Stücke Rentierflechte auf unterschiedlichen Höhen in dem Behältnis. Lege getrocknete Flechte in die Zwischenräume.

4. Füge einen Zweig mit Rattanfrüchten hinzu.
Ergänze das Arrangement mit einem Zweig Rattanfrüchten. Falls möglich, lege ihn zwischen das gedrehte Seil und verleihe dem Terrarium so ein besonderes Aussehen.

5. Gib die Luftpflanzen dazu. Setze die Luftpflanzen in das Terrarium und ordne sie auf unterschiedlichen Ebenen an. Stelle das Terrarium an einen hellen Platz mit indirekter Lichteinstrahlung. Wässere die Pflanzen zweimal wöchentlich oder nach Bedarf. Nimm die Luftpflanzen dafür heraus. Wenn du sie im Behältnis mit Wasser besprühst, kann die getrocknete Flechte faulen.

Bunte Kugel mit Luftpflanzen

TERRARIUM MIT LUFTPFLANZEN IN EINER AUF ZWEI SEITEN OFFENEN KUGELVASE

Luftpflanzen

Tillandsia ionantha ,Rubra'

Tillandsia ionantha ,Guatemala'

Material

Glaskugel mit Öffnung, 15 x 14 cm

bunter Sand

2 Stücke bunter Schiefer, je 5–7 cm*

getrocknete Rentierflechte

Zweig (klein genug für die Kugel)

getrocknetes Trommelstöckchen (Craspedia)

* Schieferbruch ist in Gartencentern erhältlich

1. **Den Sand einfüllen.** Befülle den Boden der Glaskugel gleichmäßig bis knapp unter die Öffnungen mit Sand.
2. **Gib die Rentierflechte dazu.** Teile eine Handvoll getrocknete Rentierflechte in zwei Teile und lege sie in das Behältnis.
3. **Lege den Schiefer dazu.** Lege ein Stück Schiefer senkrecht und eines waagerecht hinein. Sie verleihen dem Arrangement Tiefe.
4. **Füge weitere Dekoration hinzu.** Lege einen kleinen Zweig und getrocknete Trommelstöckchen in das Terrarium und drücke sie fest in den Sand.
5. **Setze die Luftpflanzen hinein.** Bei meinem Beispiel habe ich eine Luftpflanze an die Öffnung gesetzt. Stelle dein Terrarium in helles, indirektes Licht. Besprühe die Pflanzen zweimal wöchentlich oder nach Bedarf mit Wasser.

Pflanzenwelt

TERRARIUM MIT LUFTPFLANZEN, SUKKKULENTEN + HOLZ IM VINTAGE-LOOK

Luftpflanzen

Tillandsia funkiana

Tillandsia capitata ‚Peach'

Spanisches Moos *(Tillandsia usneoide)*

Sukkulenten

Kalanchoe luciae im Topf, 13 cm

Kalanchoe fedtschenkoi im Topf, 8 cm

Crassula ovata ‚Hobbit' im Topf, 8 cm

Crassula ovata ‚Hummel's Sunset' im Topf, 10 cm

Haworthia fasciata ‚Zebrapflanze' im Topf, 10 cm

Senecio serpens im Topf, 8 cm

Adromischus maculatus ‚Calico Hearts' im Topf, 8 cm

Anacampseros im Topf, 8 cm

verschiedene Arten Fetthenne

Material + Werkzeug

Glaskugel, 30,5 cm ø

Mischung aus Kakteen- und Sukkulentenerde

Aktivkohle

dekorative Steine und Kiesel

Wurzel oder interessant geformtes Stück Holz, 25 cm

Pinsel (optional)

Sekundenkleber oder Blumendraht (optional)

1. **Verteile die Steine und Kiesel.** Lege die dekorativen Steine vorsichtig in die Glaskugel und fülle diese damit bis zu einem Fünftel. Fülle Zwischenräume mit kleineren Kieselsteinen auf (sie verleihen dem Terrarium zusätzlich Dimension und bilden eine Drainage).

2. **Fülle die Aktivkohle und Erde hinein.** Streue eine dünne Schicht Aktivkohle und dann die Erdmischung in die Kugel und fülle diese um ein weiteres Fünftel. Achte darauf, dass das Glas sauber bleibt und entferne gegebenenfalls mit einem Pinsel Erde von der Glaswand.

3. **Arrangiere und pflanze die Sukkulenten.** Nimm die Sukkulenten aus den Pflanztöpfchen und befreie die Wurzeln von Erde. Arrangiere sie, am besten die größeren Pflanzen in der Mitte und die kleineren außen um sie herum. Lass dabei noch Platz für die Holzdekoration.

4. **Wenn dir dein Arrangement gefällt, pflanze die Sukkulenten ein.** Beginne dabei mit den größeren Pflanzen in der Mitte und arbeite von innen nach außen.

5. **Gib weitere Dekoration hinein.** Lege die dekorativen Steine um die äußeren Pflanzen und füge schließlich die Wurzel oder das Holzstück hinzu.

6. **Setze die Luftpflanzen hinein.** Befestige die Luftpflanzen auf dem Holz. Stelle das Terrarium an einen hellen Ort mit indirekter Lichteinstrahlung. Wässere die Sukkulenten einmal und die Luftpflanzen zweimal wöchentlich (indem du sie mit Wasser besprühst oder unter Wasser abspülst, wenn sie am Holz befestigt sind) oder nach Bedarf.

Schale mit Waldarbeitertruppe

TERRARIUM MIT SUKKULENTEN, MOOS + FIGÜRCHEN

Sukkulenten

Crassula tetragona ‚Mini-Pinien-Baum' im Topf, 8 cm

Crassula ovata ‚Hobbit' im Topf, 8 cm

Haworthia attenuata radula ‚Hankey Zwerg-Aloe' im Topf, 8 cm

Portulacaria afra ‚Speckbaum' im Topf, 8 cm

Adenium obesum ‚Wüstenrose' im Topf, 8 cm

Aloe ‚Pepe' im Topf, 8 cm

Senecio articulatus im Topf, 8 cm

Moose

verschiedene Arten Fetthenne

Goldenes Frauenhaarmoos *(Polytrichum commune)*

tropische Pflanzen

Hoya ‚Indische Seilpflanze' im Topf, 13 cm

Material + Werkzeug

Porzellanschale, 20 x 6 cm

Kaffeetasse, 9 x 6 cm

Tunnelarbeiter-Figürchen*

Mischung aus Kakteen- und Sukkulentenerde

Aktivkohle

Steine

Sand

größere, dekorative Steine

2 Miniatur-Tunnel aus Holz*

Sekundenkleber

* Als Figürchen und Tunnel eignen sich Produkte aus
  dem Modellbau, etwa dem Modelleisenbahn-Zubehör.

1. **Baue die Tunnel zusammen und lege die Terrarium-Schichten an.** Baue die Miniatur-Tunnel nach den Herstellerangaben zusammen und lasse sie trocknen (eventuell müssen sie noch angemalt werden). Fülle die Bodenschichten in die Schale: Gib zuerst den Sand hinein und fülle sie damit zu einem Fünftel. Lege dann die Steine darauf und befülle die Schale damit zu einem weiteren Fünftel. Bestreue diese dünn mit Aktivkohle und fülle die Schale mit der Erdmischung auf. Wiederhole das mit der Kaffeetasse. Lege diese dabei zunächst auf den Henkel und befülle sie schräg, so lässt sich der Inhalt besser darin verteilen.

2. **Lege die Pflanzen und Tunnel in die Behältnisse.** Stelle beide Behältnisse nebeneinander und lehne die Tasse schräg an die Schale. Platziere die Tunnel jeweils gegenüber in beiden Gefäßen, dort wo sie aneinanderstoßen. So entsteht der Eindruck, dass sie von einem Gefäß in das andere übergehen. Setze sie fest in den Boden und streue noch weitere Erde um sie herum, sodass sie sich mit ihrer Umgebung verbinden.

3. **Füge die Pflanzen hinzu.** Nimm die Pflanzen aus den Töpfchen heraus und entferne die Erde von den Wurzeln. Pflanze die größeren Sukkulenten zuerst ein und die kleineren um sie herum. Fülle die Landschaft mit Moos auf.

4. **Setze weitere Dekoration hinein.** Streue mit Sand einen Weg in das Terrarium und beginne dabei jeweils am Tunnel. Lege noch Steine als Geröll und Felsbrocken dazu.

5. **Befestige die Figuren und Dekoration.** Gruppiere die Figürchen mit den Tunnelarbeitern in der Landschaft und stecke sie fest in den Boden. Du kannst sie auch auf die Steine setzen. Gib dann etwas Kleber auf die Unterseite der Figuren und drücke sie fest auf die flachste Stelle an der Oberseite der Steine. Stelle die Terrarien nebeneinander an einen hellen Ort mit indirekter Lichteinstrahlung. Obwohl sie auf zwei Behältnisse aufgeteilt sind, wirken sie wie eine einzige Landschaft. Wässere sie einmal wöchentlich oder nach Bedarf.

Geometrie auf Holz

WANDDEKORATION MIT LUFTPFLANZEN + GEOMETRISCHER FADENKUNST

Luftpflanzen

Tillandsia filifolia

Tillandsia capitata ,Peach'

Tillandsia ionantha ,Guatemala'

Tillandsia stricta hard

Material + Werkzeug

Holzöl

Holzbrett*

Lederband, 25 cm

Bleistift

Hammer

9 Stahlnägel, 4 cm

Stickgarn in 4 Farben

Papiertuch oder Lappen (zum Auftragen des Holzöls)

* Ein Holzbrett oder flaches Stück Holz eignet sich als Unterlage für die hängenden Luftpflanzen. Für diese Landschaft bildete ein schlichtes Schneidebrett aus Olivenholz das perfekte Design; es hatte ein vorgebohrtes Loch, an dem man es prima aufhängen konnte.

1. **Öle das Holz ein und befestige das Lederband.**
Beträufele dein Brett mit etwas Öl und reibe es mit dem Papiertuch in die Holzoberfläche. Das verhindert, dass das Holz rissig wird. Da ich Olivenholz verwendet habe, habe ich es mit Olivenöl behandelt. Verknote die Enden des Lederbandes und fädele es durch das Loch in dem Brett. Führe ein Ende durch die Schlaufe. Hänge am besten das Brett mit dieser Aufhängung an eine Wand (du kannst statt eines Nagels deinen Finger benutzen), um den Mittelpunkt zu bestimmen.

2. **Markiere die Positionen der Nägel.** Markiere mit dem Bleistift vorsichtig die Stellen für die Nägel auf der Vorderseite des Brettes. Du kannst dir auch Vorzeichnungen dafür anfertigen. Die Abstände zwischen den Nägeln sollten gleichmäßig sein und das Brett möglichst ganz ausgefüllt werden. Schlage die Nägel mit dem Hammer hinein und lass sie 2,5 cm hervorstehen.

3. **Spanne das Stickgarn.** Nimm eine Farbe Stickgarn und verknote das Ende fest an einem Nagel. Führe es zum nächsten Nagel und wickele es mehrmals darum, bevor du es zum nächsten Nagel führst und wieder darum wickelst. Wiederhole das so oft du möchtest und beschreibe mit dem Garn Dreiecke. Wenn eine Farbe aufgebraucht ist, wickele das Garn in einer zweiten Schicht mehrmals in der gleichen Reihenfolge um dieselben Nägel. Verknote das Ende am letzten Nagel. Fülle mit einer weiteren Farbe die leeren Räume und achte darauf, dass alle Farben eine doppelte Schicht bekommen.

4. **Schneide das Stickgarn zurück.** Wenn alle Garnenden verknotet und gesichert sind, schneide die überstehenden Enden ab, aber achte darauf, nicht in dein Kunstwerk zu schneiden.

5. **Setze die Luftpflanzen hinein und hänge das Brett auf.** Stecke die Luftpflanzen zwischen die zwei Garnschichten und hänge das fertige Brett an einen hellen Ort mit indirektem Licht. Besprühe die Pflanzen zweimal wöchentlich oder nach Bedarf mit Wasser.

In Moos verwurzelt

TERRARIUM MIT MOOS & SUKKULENTEN SOWIE DEKORATIVEM MOOS AUS DEM WALD

Moose

Schlafmoos *(Hypnum)*

Moospolster

Sukkulenten

mehrere *Sempervivum cebenese* ‚Hens and Chicks'

Material + Werkzeug

Glasschale, 14 x 9,5 cm

Steine

Aktivkohle

Blumenerde*

Baumwurzel (oder trockenes Holz im Vintage-Look)**

Astschere

* Blumenerde eignet sich für Moos am besten.

** Ich habe diese Wurzel in meinem Hof gefunden und sie für die Schale zurechtgeschnitten; aber ein besonders schöner Holzstock kann dieselbe Wirkung haben.

HINWEIS

Die große Pflanze mit den Blättern in dem oben abgebildeten Terrarium ist ein Papiermaulbeerbaum. Er keimte unerwartet, nachdem das Moos schon im Terrarium lag. Ich habe das Arrangement beibehalten, weil mir das Blatt so gut gefiel. Aber nach einigen Wochen musste ich es entfernen, weil es zu stark wucherte.

1. **Lege die Steine und Aktivkohle in die Schale.** Verteile die Steine gleichmäßig auf dem Boden der Schale und fülle sie damit bis zu einem Fünftel. Sie bilden den Boden für das Moos und dienen als Drainage. Streue eine dünne Schicht Aktivkohle darüber.

2. **Bilde mit der Erde ein leichtes Gefälle.** Fülle die Schale zu einem weiteren Fünftel mit der Blumenerde und gib dabei auf die eine Seite etwas mehr Erde, sodass ein kleiner Hügel im Terrarium entsteht.

3. **Schneide die Wurzel zurecht.** Schneide mit der Astschere die Wurzel für die Schale zurecht und lege sie am Rande des mit der Erde gebildeten Hügels hinein.

4. **Pflanze das Moos und die Sukkulenten hinein.** Pflanze das Moos um die Wurzel herum und bedecke damit die gesamte Oberfläche. Bohre mit der Astschere Löcher in das Moos und die darunter liegende Erde und setze die Sukkulenten hinein.

5. **Verteile ein paar Steine auf dem Moos.** Um den natürlichen Look zu vervollständigen, streue ein paar dekorative Steine in das Terrarium. Stelle es dann an einen Ort mit indirektem Licht und wässere das Moos ausgiebig einmal wöchentlich oder nach Bedarf. Achte darauf, dass die Sukkulenten nicht zu viel gegossen werden.

Geometrische Kupfer-Blumenampel

HIMMELI-BLUMENAMPEL AUS KUPFERRÖHRCHEN

Luftpflanzen

Tillandsia aeranthos x stricta

Material + Werkzeug

91 cm Kupferröhrchen, 3 mm (für kleine Himmelis)

27 m Kupferdraht, 0,25 mm, anlaufgeschützt

Mini-Rohrschneider

Schere

Lineal

HINWEIS

Diese Anleitung ist nur für ein kleines Himmeli konzipiert. Für das Große fertige zuerst ein kleines Himmeli an. Arbeite dann nach derselben Anleitung ein größeres und nimm dafür sechs Kupferröhrchen à 15 cm und drei à 51 cm (du brauchst insgesamt 274 cm). Lege anschließend das kleine in das größere Himmeli hinein und verbinde sie an der Spitze mit einer Holzkugel. Vervollständige das Arrangement mit einer *Tillandsia stricta,* Stiff Purple'.

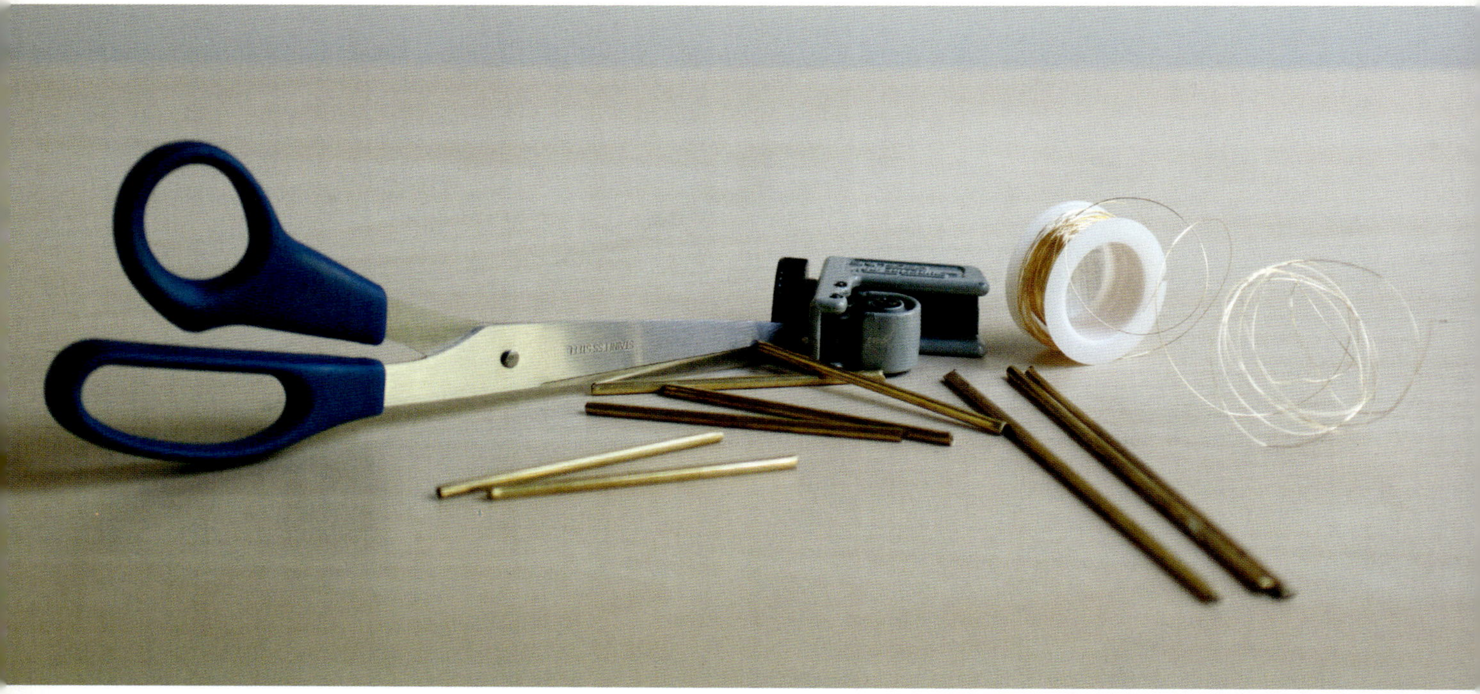

1. **Schneide die Kupferröhrchen zurecht.** Schneide aus den Kupferröhrchen mit dem Rohrschneider sechs 8 cm und drei 15 cm große Stücke zurecht.

2. **Beginne am unteren Bereich.** Führe den Kupferdraht ohne ihn von der Rolle abzuschneiden durch 4 Röhrchen, erst durch ein langes, dann durch zwei kurze und wieder durch ein langes. Bringe sie vorsichtig in eine Rautenform und verbinde die längeren Seiten. Lass 30,5 cm Draht stehen und verdrehe dann die Enden miteinander. Schneide ihn nicht von der Spule ab.

3. **Vervollständige die Unterseite.** Fädele ein langes und ein kurzes Rohrstück auf das kurze Drahtende. Verknote den Draht an der Verbindungsstelle der 2 kurzen Rohrstücke der zuerst angefertigten Raute. Schneide an der oberen Spitze den Draht in der gewünschten Länge von der Spule ab. Dieses Stück dient als Aufhängung für das Himmeli; meine ist 61 cm lang.

4. **Verbinde die Seiten.** Schneide ein 30,5 cm langes
   Stück Draht ab und verknote ein Ende an der Stelle,
   wo ein langes und ein kurzes Rohrstück aufeinander-
   treffen. Fädele ein kurzes Rohrstück auf den Draht
   und ziehe es zur nächsten Verbindung eines langen
   und kurzen Röhrchens. Zum Sichern wickele den
   Draht zwischen das lange und kurze Stück und fädele
   ein weiteres kurzes Röhrchen darauf. Ziehe es wieder
   zur nächsten Verbindung eines langen und kurzen
   Röhrchens und sichere es. Wiederhole das noch einmal mit dem letzten kurzen Röhrchen und schneide
   am Ende den Draht ab.

5. **Setze die Luftpflanze hinein.** Setze die Luftpflanze
   in das Himmeli und richte es vorsichtig aus. Hänge
   es dann an einen hellen Ort mit indirektem Licht.
   Besprühe die Pflanze zweimal wöchentlich oder nach
   Bedarf mit Wasser.

Der Star im Glas

SUKKULENTEN-TERRARIUM MIT ROTEM ERDSTERN

Bromelie

Cryptanthus ‚Roter Erdstern' im Topf, 10 cm

Sukkulente

Echeveria derenbergii ‚Painted Lady' im Topf, 5 cm

Material

durchsichtige Glaskaraffe, 18 x 11 cm

mittelgroße Glassteinchen* (oder weiße Steine)

Aktivkohle

Mischung aus Kakteen- und Sukkulentenerde

getrockneter rosa Hahnenkamm

ein mit Spanischem Moss und Flechte bedecktes Stöckchen**

* Sie werden zu 100 Prozent aus Altglas hergestellt und sehen aus wie Steine. Sie dienen als Drainage und sind dabei noch dekorativ. Man kann ebenso auch weiße Steine verwenden.

** Ich habe das Stöckchen draußen gefunden. Halte auf einem Spaziergang danach Ausschau.

1. **Lege die Glassteinchen und Aktivkohle in die Karaffe.** Verteile die Glasdrainage gleichmäßig in der Karaffe und fülle sie bis zu einem Fünftel. Streue eine dünne Schicht Aktivkohle darüber.
2. **Gib die Erde hinein und forme damit einen kleinen Hügel.** Halte die Karaffe leicht schräg und gib die Erde hinein, bis sie zu einem Drittel gefüllt ist. Durch den Hügel werden alle Pflanzen von vorne sichtbar sein.
3. **Setze die Pflanzen hinein.** Nimm die Pflanzen aus den Töpfen heraus und entferne die Erde von den Wurzeln. Setze zuerst die Sukkulente und dann die Bromelie hinein, halte die Karaffe dabei schräg. Pflanze die Bromelie im 75°-Winkel ein, sodass die Blätter nach außen zeigen.
4. **Füge Dekoration hinzu.** Lege den getrockneten Hahnenkamm und das Stöckchen hinter die Bromelie und Sukkulente. Vervollständige das Arrangement, indem du noch sichtbare Erde mit den Glassteinchen bedeckst. Stelle das Terrarium an einen Platz mit indirektem Licht und wässere die Pflanzen einmal wöchentlich oder nach Bedarf.

Selbstgebastelte Pilze

GESCHLOSSENES TERRARIUM MIT MOOS UND PILZEN AUS TON

Moos

Polstermoos *(Leucobryum)*

Material + Werkzeug

Honigspender aus Glas, 10 cm

Sand

dekorative bunte Glasstücke

Blumenerde

Aktivkohle

Blumen-Steckdrähte

weißer Ton, zum Aushärten im Ofen

Acrylfarbe in mehreren Farben

Pinsel

Schere

HINWEIS

Nimm die hübschen, selbst gemachten Pilze wie hier für ein einfaches Terrarium oder gestalte damit eine ganze, originelle Waldlandschaft. Experimentiere ein wenig mit Farben, Formen und Größe.

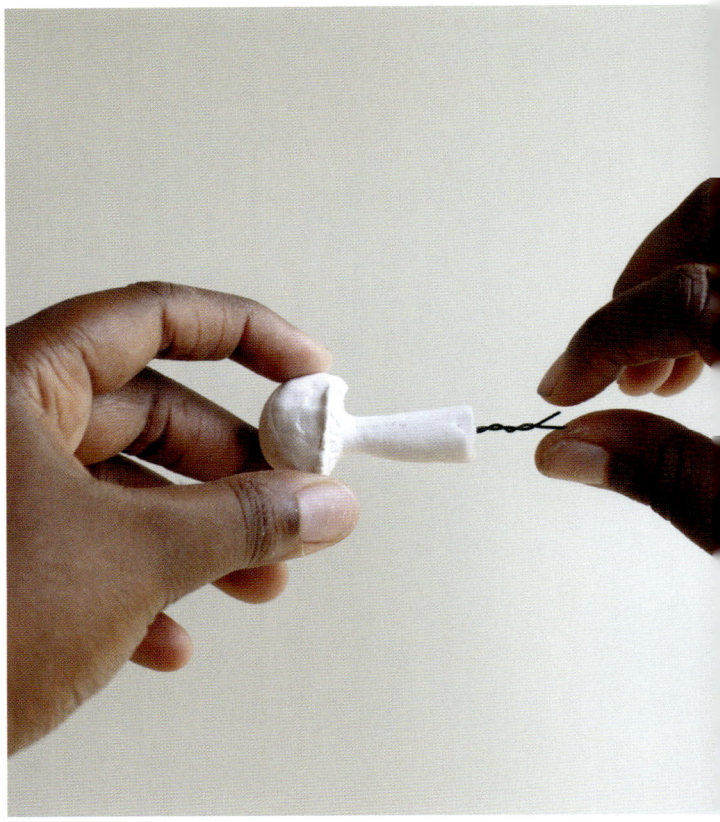

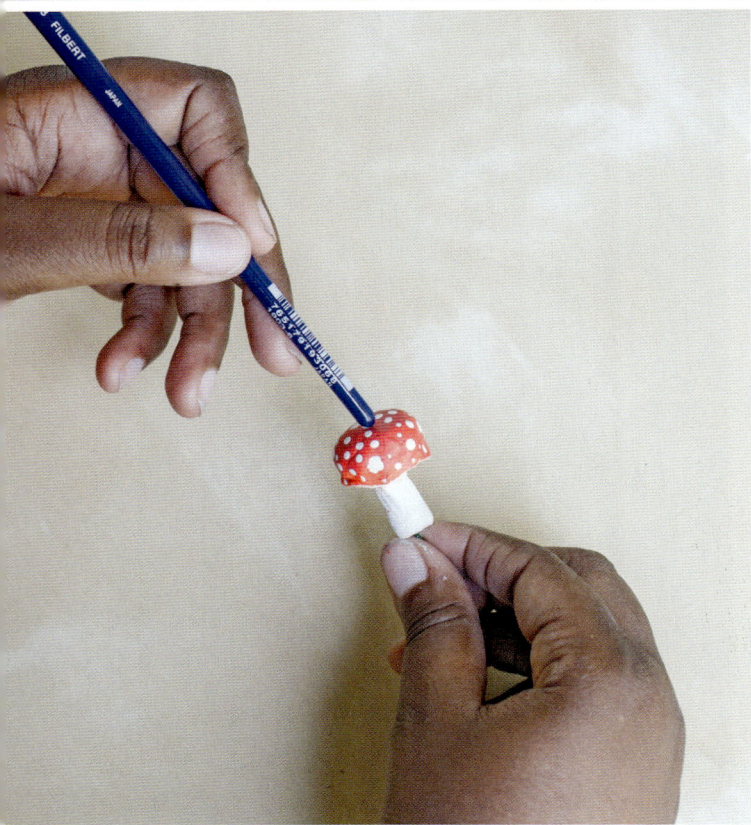

1. **Forme die Pilze.** Rolle ein Stück Ton vorsichtig mit den Fingern in eine konische Form. Forme aus dem dickeren Ende einen Pilzkopf und aus dem dünneren den Stiel.

2. **Stecke ein Stück Draht hinein.** Schneide vom Draht 13 cm ab und biege es mittig zusammen. Drehe es vorsichtig in den Stiel des Pilzes hinein, lass dabei 4 cm herausstehen. Härte den Ton den Hersteller-angaben entsprechend im Ofen.

3. **Male den Pilz an.** Wenn der Ton vollständig ausge-kühlt ist, male den Pilz in den gewünschten Farben und Mustern an, die zu deinem Terrarium passen. Ich habe mich für einen traditionellen Fliegenpilz entschieden, mit roter Kappe, die ins Orange über-geht. Lass die Farbe gut trocknen und male mit dem Pinselstiel Punkte auf. Dann nochmals trocknen lassen.

4. **Gestalte das Terrarium.** Nimm den Deckel vom Honigspender ab und streue Sand auf den Boden, fülle den Spender damit um ein Fünftel. Lege ein paar dekorative Glasstücke darauf und streue eine dünne Schicht Aktivkohle und Erde darüber. Schneide das Moos auf die Größe des Gefäßes zurecht und lege es vorsichtig hinein. Stecke den Pilz mit dem Drahtende in das Moos und schraube den Deckel auf den Honigspender. Stelle das fertige Terrarium an einen Ort mit indirektem Licht, wässere es nach Bedarf und achte darauf, dass die Pilze nicht nass werden. Da das Terrarium geschlossen ist, entsteht darin eine feuchte Umgebung, sodass du nur ein- oder zweimal monatlich gießen musst.

Kleiner Meditations-Garten

TERRARIUM MIT SUKKULENTEN UND ZEN-ELEMENTEN

Sukkulenten

Echeveria ‚Lola' im Topf, 10 cm

Sedum morganianum (Schlangen-Fetthenne) im Topf, 8 cm

Material + Werkzeug

Glasschale, 16,5 cm

2 kleine Papiertüten

5 große dekorative Kieselsteine

6 Tassen feiner Sand

Mischung aus Kakteen- und Sukkulentenerde

Stricknadel*

Schere

* Mit der Spitze der Stricknadel kann man gut im Sand zeichnen.
  Man kann stattdessen auch einen Holzstift verwenden.

1. **Schneide die Papiertüten zurecht.** Schneide das obere Drittel der Papiertüten ab.

2. **Pflanze die Sukkulenten.** Öffne die Tüten und fülle sie zu zwei Dritteln mit der Erde. Nimm die Pflanzen aus den Töpfen, entferne Erde von den Wurzeln und setze in jede Tüte eine Pflanze. Achte darauf, dass die Wurzeln richtig eingepflanzt werden. Falte den Rand der Tüte vorsichtig um die Pflanze, sodass keine Erde zu sehen ist.

3. **Fülle die Schale mit Sand und setze die Pflanzen hinein.** Setze die Tüten mit den Pflanzen vorsichtig in die Schale und streue den Sand darum herum. Bedecke die Tüten und die Erde vollständig damit, sodass die Tüten nicht mehr zu sehen sind. Es soll aussehen, als stünden die Sukkulenten direkt im Sand.

4. **Lege Steine hinzu.** Lege ein paar große Steine auf den Sand und zeichne mit der Stricknadel oder einem Holzstift Friedenszeichen hinein. Stelle das Terrarium in helles, indirektes Licht und wässere die Pflanzen einmal wöchentlich oder nach Bedarf (gieße das Wasser auf die Erde in den Papiertüten).

Sandiges Terrain

TERRARIUM MIT HAWORTHIA-SUKKULENTEN + STEINEN

Sukkulenten

Haworthia limifolia ‚Fairy Washboard' im Topf, 10 cm

Haworthia fasciata variegata im Topf, 8 cm

Agave schidigera ‚Durango Delight' im Topf, 10 cm

Haworthia herbacea im Topf, 8 cm

Kakteen

2 Echinocactus texensis im Topf, 8 cm

Zahnstocher-Kaktus (*Stetsonia coryne*) im Topf, 8 cm

Material + Werkzeug

zylindrische Glasvase, 25 x 10 cm

Mischung aus Kakteen- und Sukkulentenerde

Aktivkohle

Sand

Steine

dekorative Steine und Kiesel

2 große, raue Mineralsteine*, etwa 15 cm

2 kleine Holzstücke, maximal 15 cm

Gartenhandschuhe oder Zeitung (zum Schutz der Hände vor den Kaktusstacheln)

* Solche Steine findet man in der Aquarium-Abteilung von Zoohandlungen.

1. **Lege eine Stein- und Sandschicht an.** Streue den Sand gleichmäßig in die Vase und fülle sie zu einem Fünftel. Lege die Steine darauf, bis ein Viertel der Vase gefüllt ist.
2. **Setze die Mineralsteine hinein.** Setze die Mineralsteine in die Vase und drücke sie fest in die Sand- und Steinschichten. Halte sie fest, wenn du die nächsten Schichten anlegst, damit sie nicht umfallen. Sie sollten so groß sein, dass man sie noch sieht, wenn die Pflanzen gesetzt sind. Setze sie andernfalls erst auf die Erdschicht.
3. **Füge Aktivkohle und Erde hinzu.** Streue eine dünne Schicht Aktivkohle in die Vase und dann die Erdmischung darauf, bis sie zu einem weiteren Fünftel gefüllt ist.
4. **Setze die Pflanzen ein.** Nimm alle Pflanzen aus den Töpfen heraus und befreie die Wurzeln von Erde. Arrangiere und pflanze die Sukkulenten und Kakteen, beginne dabei mit den größeren Pflanzen. Setze die kleineren dicht an die Steine, sodass das Arrangement wie eine Landschaft wirkt. Streue zum Schluss noch ein paar dekorative Steine und Kiesel dazwischen. Stelle das Terrarium in helles, indirektes Licht und wässere die Pflanzen einmal wöchentlich oder nach Bedarf.

Im Trio mit Postkarte

LUFTPFLANZEN AUF POSTKARTENHALTERN

Luftpflanzen

Tillandsia streptophylla

Tillandsia velutina

Spanisches Moos *(Tillandsia usneoide)*

Material + Werkzeug

3 Ametyhst-Steine

3 Papierdrähte,
0,41 mm, 46 cm lang

getrocknete Rentierflechte

Postkarte (oder Foto)

Bleistift

TIPP FÜR EINE BESONDERE GELEGENHEIT

Ersetze die Postkarte durch Namens-schilder und schon hast du ganz besondere Tischkarten für dein nächstes Abendessen mit Freunden.

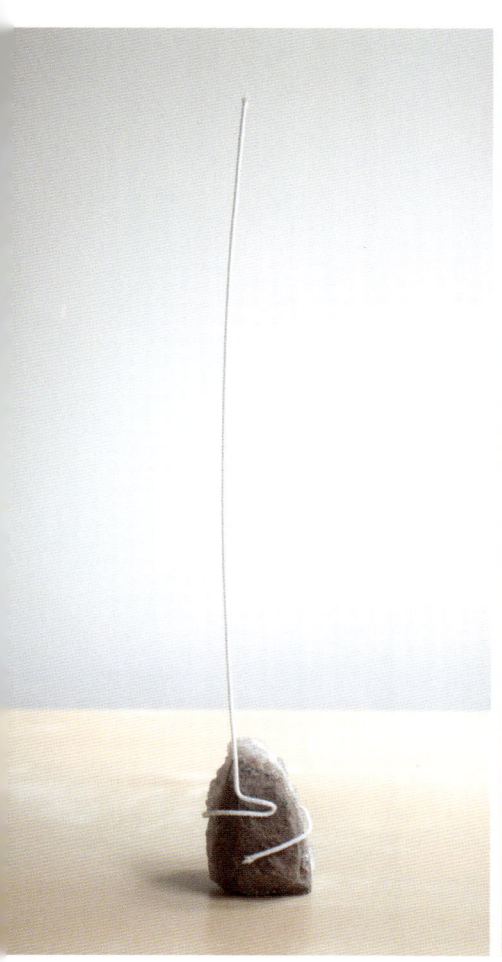

1. **Den Fuß anfertigen.** Lege einen Amethyst auf eine flache Oberfläche und stelle so seine natürliche Lage fest. Wickele einen Papierdraht fest darum, der Anfang und das Ende der Umwicklung sollten auf der Stein-Rückseite liegen. Biege den Draht dann senkrecht nach oben.

2. **Biege für die Pflanzen eine Schlaufe.** Biege das Drahtende mithilfe eines Bleistifts zu einer 12 mm großen Schlaufe.

3. **Klemme das Moos hinein.** Klemme kleine Stücke getrocknete Rentierflechte in die Drahtschlaufe und dekoriere es mit einer Handvoll Spanischem Moos. Achte darauf, dass der Draht es tragen kann, ohne dass er sich biegt. Weite die Drahtschlaufe bei Bedarf, damit die Moose besser halten.

4. **Füge eine Luftpflanze hinzu.** Vervollständige das Design mit einer Luftpflanze. Achte wieder darauf, dass der Draht die Pflanzen tragen kann, ohne sich zu verbiegen. Wiederhole die Schritte 1–4 für einen zweiten Halter.

5. **Bastele einen Postkartenhalter.** Wickele für einen Postkarten- oder Fotohalter wie in Schritt 1 einen Draht um den Amethyst. Wickele ihn 5 cm unterhalb des Endes spiralförmig fest um den Bleistift.

6. **Stecke eine Postkarte oder ein Foto hinein.** Stecke eine Postkarte fest in die Drahtspirale (eine Karte mit einem Lieblingsspruch ist natürlich auch möglich). Arrangiere dein neues Trio an einem Ort mit hellem, indirektem Licht und besprühe die Luftpflanzen im Halter zweimal wöchentlich oder nach Bedarf mit Wasser.

Kleines Dino-Gehege

TERRARIUM MIT SUKKULENTEN, MOOS + DINO-TÖPFEN

Sukkulenten

6 verschiedene Geldbäume (*Crassula ovata*) und Aloen im Topf, 8 cm

Leuchterblume *Ceropegia woodii* im Topf, 15 cm

Moos

Selaginella im Topf, 10 cm

Material + Werkzeug

6 Dinosaurier-Figuren aus Kunststoff*

Steine

Aktivkohle

Sand

Mischung aus Kakteen- und Sukkulentenerde

Sprühfarbe in mehreren Farben

Schere (oder Haushaltsmesser)

Markierstift

* Die Figuren müssen hohl sein.

TIPP FÜR EINE BESONDERE GELEGENHEIT

Diese lustigen Pflanzgefäße sind ein tolles Projekt für eine Bastel-Party. Bastele sie zusammen mit Freunden und verwende sie dann als Dekoration.

1. **Markiere die Pflanzstellen und schneide sie aus.**
   Stelle einen Dinosaurier auf eine gerade Fläche und
   markiere die Mitte auf dem Rücken mit dem Markierstift. Drücke dabei den Dinosaurier zusammen
   (so lässt er sich besser einschneiden) und schneide
   an der Markierung einen 4 cm großen Kreis aus
   (du kannst dafür auch ein Messer verwenden).
   Wiederhole das bei den anderen Dinosaurier-Figuren.

2. **Bemale den Dinosaurier.** Besprühe den Dinosaurier
   von allen Seiten mit den Farben deiner Wahl, beachte
   dabei die Herstellerangaben. Lasse ihn gut trocknen.

3. **Lege die Terrarium-Schichten an.** Befülle ein Fünftel
   des Inneren mit Sand. Gib eine Schicht Steine darauf,
   bis es bis zu einem Viertel gefüllt ist, und bestreue es
   mit einer dünnen Schicht Aktivkohle. Fülle den rest-
   lichen Platz mit Erde aus. Achte darauf, dass die Figur
   nicht umkippt, und verschiebe gegebenenfalls das
   Füllmaterial. Wiederhole das mit den anderen Dino-
   Figuren.

4. Setze die Pflanzen hinein. Pflanze in jeden Dinosaurier einen Geldbaum oder eine Aloe und setze noch Moos oder Leuchterblumen dazu. Stelle den Dinosaurier an einen Ort mit indirektem Licht und gieße ihn einmal wöchentlich oder nach Bedarf; gieße das Moos häufiger.

Moderner Sumpf

MOORLANDSCHAFT IM TERRARIUM MIT FLEISCHFRESSENDEN PFLANZEN

fleischfressende Pflanzen

Schlauchpflanze *Sarracenia* ‚Scarlet Belle' im Topf, 10 cm

Schlauchpflanze S*arracenia leucophylla* ‚Tarnok' im Topf, 10 cm

Sonnentau *(Drosera)* im Topf, 10 cm

Schlauchpflanze *Sarracenia* ‚Dana's Delight' im Topf, 10 cm

Sukkulente

Cyanotis somaliensis ‚Furry Kittens' im Topf, 8 cm (gedeiht in feuchter Umgebung)

Moos

Polstermoos *(Leucobryum)*

Material + Werkzeug

Glasvase, 36 x 25 cm

Brauntorfmoos

Torfmoos *(Sphagnum)*

Rebzweig, 30,5 cm

Plastiktüte oder Eimer (zum Mischen)

Handschuhe (optional)

TIPP FÜR EINE BESONDERE GELEGENHEIT

Stelle das Terrarium bei deiner nächsten Party als Dekoration auf das Dessert-Büffet. Arrangiere es zusammen mit anderen hohen Vasen, die zum Thema passen.

1. **Mische das Moos.** Mische in einer wasserfesten Plastiktüte oder in einem Eimer das Brauntorfmoos und Torfmoos in einem Mengenverhältnis von 6 : 4. Befeuchte die Moose und mische sie gründlich.

2. **Fülle die Mischung in die Vase.** Gib die Moose in die Vase und bedecke zunächst den Boden gleichmäßig damit. Lege dann darüber eine hügelige Mooslandschaft an (so wirkt die Landschaft mit den Pflanzen später natürlicher). Achte darauf, dass die Glasinnenwände sauber bleiben.

3. **Setze die Pflanzen und den Zweig hinein.** Nimm die Pflanzen aus den Töpfen und lege die Wurzeln frei; wenn du etwas Erde daran lässt, gewöhnen sie sich schneller an die Vase. Pflanze zuerst die fleischfressenden Pflanzen in den hinteren Teil. Fülle den vorderen Teil mit Moos und den Sukkulenten. Lege dann vorsichtig den Rebzweig hinein.

4. **Reinige die Vase.** Reinige falls nötig das Glas und stelle das Terrarium an einen hellen, sonnigen Ort. Halte die Erde darin immer feucht; fleischfressende Pflanzen gedeihen am besten in feuchter Umgebung. Gieße die Pflanzen nur mit gereinigtem Wasser oder Regenwasser. Besprühe sie zusätzlich morgens und abends, um die Luftzirkulation anzuregen und die Feuchtigkeit hoch zu halten. Stehen die Pflanzen draußen, versorgen sie sich selbst. Zimmerpflanzen müssen ein- bis zweimal monatlich gefüttert werden. Setze dafür ein getrocknetes oder lebendes Insekt (wie etwa Würmer oder Fruchtfliegen) direkt auf die Blätter in die Vase. Reinige das Terrarium nach Bedarf.

Terrarium-Halskette

HALSKETTE MIT MINI-TERRARIUM UND BUNTER KORDEL

Material + Werkzeug

kleines Glasfläschchen mit Korken, 30 mm

Ringschraube, 15 mm

weiße Velourskordel

Stofffarbe

getrocknete Rentierflechte*

gestreifte Kahnschneckenhäuser

bunter Sand

Schere

kleine Glasschale oder Plastikschüssel (zum Färben der Kordel)

Gummihandschuhe (optional)

Pinzette (optional)

* Man kann für die Kette auch frisches Moos verwenden.
Nimm dafür schön grünes und besprühe es mit Wasser,
bevor du es in die Flasche setzt. Wässere das Moos ein-
oder zweimal im Monat.

TIPP FÜR EINE BESONDERE GELEGENHEIT
Dies ist ein tolles DIY-Projekt für eine
Geburtstagsparty mit Kindern in jedem Alter.
Es macht riesigen Spaß, solch eine Kette zu
basteln und sie ist eine schöne Erinnerung.

1. **Schneide die Kordel zurecht und bereite sie zum Färben vor.** Schneide die Kordel so zurecht, dass du sie bequem um den Hals hängen kannst. Bereite die Stofffarbe in einer kleinen Glasschale oder Plastik-schüssel nach den Herstellerangaben vor.

2. **Färbe mit Ombré-Effekt.** Lege die Kordel an beiden Enden zu drei Vierteln für 15 Sekunden in das Farb-bad und ziehe sie dabei vorsichtig hoch und runter, damit ein Farbverlauf entsteht. Tauche die Hälfte der gefärbten Enden noch einmal für 35 Sekunden hinein und ziehe sie dabei wieder vorsichtig hoch und runter. Tauche zuletzt das letzte Viertel 1 Minute in das Farb-bad und ziehe sie wieder vorsichtig hoch und runter. Lass die Kordel dann an der Luft gut trocknen.

3. **Schraube die Ringschraube ein und lege das Terra-rium an.** Drehe die Ringschraube in die Mitte des Korkens. Befülle das Glas zu einem Fünftel mit Sand, streue ihn gleichmäßig hinein. Lege kleine Stückchen getrocknete Rentierflechte vorsichtig in das Fläsch-chen; dafür kannst du die Pinzette verwenden. Lege die Kahnschneckenhäuser dazu und verschließe das Fläschchen fest.

4. **Verknote die Kette und lege sie dir um.** Falte die Kordel in der Mitte und fädele sie durch den Ring. Führe das Ende durch die Schlaufe und ziehe die Kordel fest. Verknote die Enden in der gewünschten Länge miteinander und fertig ist die Kette. Da das Terrarium keine frischen Elemente enthält, muss es nicht weiter gepflegt werden.

Üppige Sukkulenten

Sukkulenten-Terrarium in einer Schale aus Akazienholz

Sukkulenten

3 *Crassula ovata* ‚Gollum' im Topf, 8 cm

2 E*cheveria* ‚Perle von Nürnberg im Topf, 10 cm

4 *Kalanchoe fedtschenkoi* in verschiedenen Farben im Topf, 8 cm

Sedum morganianum (Schlangen-Fetthenne) im Topf, 8 cm

Kalanchoe orgyalis (Kupfer-Löffel) im Topf, 10 cm

Faucaria stomatium im Topf, 10 cm

2 *Euphorbia trigona* (Wolfsmilch) im Topf, 8 cm

Material + Werkzeug

Holzschale, 27 x 13 cm

Plastikfolie (oder -tüte)

Pflanzschale aus durchsichtigem Kunststoff, 25 cm Durchmesser

Mischung aus Kakteen- und Sukkulentenerde

Aktivkohle

Sand

Steine

dekorative Kieselsteine

Treibholz (optional)

Holzstab

Pinsel

Schere

Floristenband (optional)

1. **Schütze die Holzschale mit Plastikfolie.**
   Schneide die Plastikfolie zurecht und kleide damit
   die Holzschale aus, damit sie vor Feuchtigkeit
   geschützt wird. Du kannst die Folie mit Floristenband befestigen, falls nötig. Setze die Pflanzschale in die ausgekleidete Holzschale.

2. **Gib Sand und Steine hinein.** Streue den Sand
   gleichmäßig in die Pflanzschale und befülle sie zu
   einem Fünftel. Lege dann die Steine darauf und
   befülle die Schale damit zu einem weiteren
   Fünftel.

3. **Füge Aktivkohle und Erde hinzu.** Streue eine
   dünne Schicht Aktivkohle darüber und fülle die
   Schale bis zum Rand mit der Erdmischung auf.

4. **Arrangiere und pflanze die Sukkulenten.** Nimm
   alle Pflanzen aus den Töpfen und befreie die
   Wurzeln von Erde. Arrangiere sie und setze dabei
   die größeren wie die *Crassula ovata* ‚Gollum' und
   Euphorbia trigona (Wolfsmilch) in die Mitte und
   gehe von innen nach außen vor. Wenn dir dein
   Arrangement gefällt, pflanze die Sukkulenten ein,
   beginne wieder mit den Pflanzen in der Mitte.

5. **Säubere das Arrangement.** Entferne mit dem Pinsel Erde von den Blättern, falls nötig. Überprüfe mit dem Holzstab, dass alle Wurzeln fest in der Erde sitzen.

6. **Füge Dekorationsmaterial hinzu.** Bedecke die Erde mit Sand und bestreue ihn mit dekorativen Kieselsteinen. Setze nach Belieben Treibholzstücke zwischen die Pflanzen. Stelle das Terrarium an einen Ort mit hellem, indirektem Licht und gieße es einmal wöchentlich oder nach Bedarf.

Natürlicher Festtagsschmuck

GLASKUGELN MIT LUFTPFLANZEN

Luftpflanzen

Kleine, biegsame Luftpflanzen, die sich durch die Öffnung der Kugel schieben lassen, zum Beispiel *Tillandsia ionantha* ‚Rubra', *Tillandsia velutina*, *Tillandsia butzii* und *Tillandsia funkiana*

Material + Werkzeug

3 durchsichtige Glaskugeln*

getrocknete Rentierflechte in unterschiedlichen Farben

Zahnseide oder Schnur

6 getrocknete kleine Mohnkapseln an Stielen

getrocknete Pflanzen

getrocknetes Schleierkraut

mit Flechten überzogener Stock

Holzstab (optional)

* Die Alu-Verschlüsse der Kugeln sollten Löcher für die Belüftung der Pflanzen haben.

TIPP FÜR EINE BESONDERE GELEGENHEIT
Diese Kugeln sind der perfekte Schmuck für einen Kranz oder Weihnachtsbaum. Nach den Feiertagen kannst du sie in eine dekorative Schale legen und zu einer Pyramide auftürmen. Stecke in die Zwischenräume Luftpflanzen und schon erhältst du eine schöne Ganz-Jahres-Dekoration.

1. **Lege eine Schicht Rentierflechte an.** Entferne den Deckel der Glaskugeln und ziehe die Rentierflechte auseinander, sodass sie durch die Kugelöffnung passt. Lege sie in eine Kugel und befülle diese damit zu einem Drittel. Platziere sie mit einem Holzstab und wiederhole das mit den anderen Kugeln.

2. **Lege die Mohnkapseln und weitere Dekoration dazu.** Schneide die Stiele der Mohnkapseln zurecht, dass sie in die Kugeln passen, und lege 2 davon in eine Kugel. Brich ein Stück vom mit Flechten überzogenen Stock ab und lege es vorsichtig mit etwas Schleierkraut hinzu. Fülle die anderen Kugeln ebenso.

3. **Füge die Luftpflanzen hinzu.** Lege vorsichtig eine Luftpflanze in eine Kugel und setze zum Schluss den Deckel wieder darauf. Wiederhole das mit den anderen Kugeln. Hänge sie mit Zahnseide an einem hellen Ort mit indirektem Licht auf. Öffne die Kugeln zweimal in der Woche oder nach Bedarf und besprühe die Pflanzen mit etwas Wasser.

Bunte Mini-Pflanzschälchen

LUFTPFLANZEN IN KLEINEN BELL CUPS

Luftpflanzen

Tillandsia ionantha ‚Rubra'

Tillandsia streptophylla

Tillandsia stricta

Material + Werkzeug

4 getrocknete Bell Cups (ohne Stiel), 8–10 cm

leuchtende Bastelfarben

mehrere Sprühfarben

Klebeband (Malerbedarf)

Pinsel

TIPP FÜR EINE BESONDERE GELEGENHEIT

Stelle bei deiner nächsten Dinner-Party auf jeden Teller einen Bell Cup. So kannst du deine Tafel mit einem grünen Blickfang verschönern und deinen Gästen ein langlebiges Gastgeschenk mitgeben.

1. **Besprühe die Bell Cups mit Farbe.** Reinige die Bell Cups mit warmem Wasser und lasse sie gut trocknen. Besprühe die Außenseite dann mit Farbe, beachte dabei die Herstellerangaben. Lasse sie vollständig trocknen (das dauert mindestens 3 Stunden).

2. **Klebe die Bell Cups mit Klebeband ab und besprühe die untere Hälfte.** Klebe die obere Hälfte der Bell Cups mit Klebeband ab und achte darauf, dass die Ränder gut haften, damit keine Farbe darunter laufen kann. Besprühe die untere Hälfte in einer anderen Farbe, beachte wieder die Herstellerangaben. Lasse die Farbe gut trocknen.

3. **Bemale den Rand.** Bemale mit Bastelfarbe und Pinsel die Ränder der Bell Cups. Lasse sie gut trocknen.

4. **Setze die Luftpflanzen hinein.** Setze in jeden Bell Cup eine Luftpflanze. Arrangiere die Bell Cups an einem Ort mit indirektem Lichteinfall einzeln oder in Gruppen. Besprühe die Pflanzen zweimal wöchentlich oder nach Bedarf mit Wasser.

Rebwurzel im Kerzenlicht

SUKKULENTEN AUF EINER REBWURZEL

Sukkulenten

4 Pandapflanzen *(Kalanchoe tomentosa)* im Topf, 10 cm

2 Berg-Aloe *(Aloe marlothii)* im Topf, 8 cm

2 *Haworthia reinwardtii* im Topf, 8 cm

Sempervivum ,Hens and Chicks' im Topf, 13 cm

2 *Haworthia cymbiformis* im Topf, 8 cm

Moose

2 Moosfarne *(Selaginella kraussiana)* im Topf, 10 cm

2 *Selaginella erythropus* ,Ruby Red' im Topf, 10 cm

Torfmoos

Material + Werkzeug

Rebwurzel, 61 cm

3 getrocknete Bell Cups (ohne Stiel), 5–8 cm

3 Kerzen

Deko-Nadeln, 3 cm

Sekundenkleber

Schere

TIPP FÜR EINE BESONDERE GELEGENHEIT

Diese Dekoration ist bei jeder Gelegenheit ein guter Gesprächseinstieg. Verwende sie bei einer Outdoor-Party oder für den romantischen Schmuck bei einem Candle-Light-Dinner für Zwei.

1. **Stecke Torfmoos in die Wurzel.** Finde heraus, wie deine Wurzel am besten auf der Fläche liegt und wo die schönste Stelle ist. Idealerweise weist sie die meisten Öffnungen auf, auf der du weitere Pflanzen befestigen kannst. Stecke befeuchtetes Torfmoos in die Öffnungen, lass einige aber frei.

2. **Setze die Sukkulenten und Moose auf die Wurzel.**
Nimm die Pflanzen aus den Töpfen heraus und
entferne die Erde von den Wurzeln. Arrangiere die
Pflanzen auf der Wurzel und forme kleine Löcher in
das Moos, wenn dir dein Arrangement gefällt. Setze
die Sukkulenten fest hinein. Schaffe dabei Pflanzen-
Taschen und pflanze zuerst die größeren Pflanzen
hinein. Fülle sie mit kleineren und mit Moos auf.
Sichere sie mit Deko-Nadeln, falls nötig.

3. **Füge die Bell Cups hinzu.** Arrangiere die Bell Cups
auf der Wurzel, am besten an flachen Stellen, auf
denen sie gut aufliegen. Klebe sie an der Unterseite
fest.

4. **Setze die Kerzen dazu.** Wenn die Bell Cups befestigt
sind, setze die Kerzen hinein. Eventuell musst du
die Höhe der Kerzen verändern, damit sie etwas über
die Bell Cups hinausragen.

5. Reinige das Arrangement. Schneide mit der Schere
Wurzelteile oder Moos zurecht. Stelle das Arrange-
ment an einen hellen Ort mit indirektem Licht.
Wässere es einmal wöchentlich oder nach Bedarf.
Das *Selaginella*-Moos muss öfter gegossen werden.
Im Frühling und Sommer kannst du das Arrangement
auch nach draußen stellen, in wärmeren Gegenden
auch das ganze Jahr über.

Wüstenlandschaft unter Glas

TERRARIUM MIT KAKTEEN

Sukkulente

Haworthia reinwardtii im Topf, 8 cm

Kakteen

Espostoa guentheri im Topf, 8 cm

Zahnstocher-Kaktus *(Stetsonia coryne)* im Topf, 8 cm, oder eine andere Sorte

Material + Werkzeug

Glasglocke mit Schnur, 18 cm*

Birkenscheibe

eine Handvoll Torfmoos

Mischung aus Kakteen- und Sukkulentenerde

Stickgarn in 3 unterschiedlichen Neonfarben

schön geformter Stein

Gartenhandschuhe oder Zeitung (zum Schutz der Hände vor Kaktusstacheln)

* Tausche die Schnur eventuell durch eine aus, die gut zur Birkenscheibe passt.

1. **Stelle die Teile für das Behältnis zusammen.**
   Lege die Birkenscheibe auf eine ebene Fläche und lege den Stein darauf (darauf kommen später die Pflanzen). Achte darauf, dass der Stein unter die Glasglocke passt.

2. **Fertige Mooskugeln an.** Feuchte einen Klumpen Erde an und wickele feuchtes Moos darum. Fertige 3 solcher Kugeln in verschiedenen Größen an. Umwickele sie an einer Hälfte mit buntem Stickgarn, lass die andere Hälfte frei. Schneide das Garn nicht ab.

3. **Pflanze die Kakteen.** Nimm die Kakteen vorsichtig aus dem Topf und entferne die Erde von den Wurzeln, schütze deine Hände dabei mit Handschuhen oder Zeitung. Forme ein Loch in jede Kugel und setze jeweils eine Kaktee hinein, sie sollte in der Erde sitzen. Wickele das Garn um die noch freie Kugelhälfte und schneide es dann ab. Wiederhole das mit der Sukkulente.

4. Setze das Arrangement zusammen. Arrangiere das Pflanzen-Trio vorsichtig auf den Vertiefungen des Steins, damit es sicher steht. Wenn die Pflanzen auf dem Stein keinen Halt haben, kannst du sie auch daneben platzieren. Stülpe die Glasglocke darüber und stelle das Terrarium an einen hellen Ort mit indirektem Licht. Gieße es einmal wöchentlich oder nach Bedarf. Sukkulenten benötigen Luftzufuhr – nimm daher die Glasglocke immer wieder für längere Zeit ab. Du kannst auch die Schnur von der Oberseite entfernen, um Luftzirkulation unter dem Glas zu ermöglichen.

Felgen-Kronleuchter mit Pflanzen

LUFTPFLANZEN AN UPCYCLING-FELGE

Luftpflanzen

11–14 große Luftpflanzen, wie zum Beispiel:

Tillandsia bulbosa, Tillandsia filifolia, Tillandsia fuchsii, Tillandsia harrisii, Tillandsia ionantha ‚Rubra', *Tillandsia juncea, Tillandsia magnusiana, Tillandsia streptophylla, Tillandsia tricolor v. melanocrater hybrid, Tillandsia velutina,* Spanisches Moos *(Tillandsia usneoide)*

Material + Werkzeug

6 Hänge-Vasen für Terrarien, 15 cm

Fahrradfelge*

Sprühfarbe mit Rostschutz

Schmirgelpapier (optional)

2 Hanfseile, je 10 mm stark, 3 m lang

3 schwarze Ketten, 90 cm

3 Schlüsselringe, 16 mm ø

schwere Angelschnur

Deckenhaken (zum Aufhängen)

getrocknete Rentierflechte

* Ich habe eine Fahrradfelge beim örtlichen Flohmarkt entdeckt; eine andere Quelle könnte Etsy.com sein.

TIPP FÜR EINE BESONDERE GELEGENHEIT
Dieser Felgen-Kronleuchter mit Pflanzen sieht klasse im Hof oder Garten an einem Baum aus oder bei einer rustikalen Hochzeitsfeier auch hinter dem Kopfende der großen Tafel.

1. **Besprühe die Felge mit Farbe.** Schmirgele abblätternde Farbe oder Rost etwas ab, bevor du die Felge mit Farbe besprühst. Säubere sie und besprühe sie gemäß den Herstellerangaben. Lass die Farbe gut trocknen.

2. **Montiere die Haken und befestige die Ketten.** Suche einen Platz für deinen Kronleuchter aus und montiere die Deckenhaken gemäß den Herstellerangaben. Wenn du ihn längere Zeit hängen lassen möchtest, wähle einen Ort mit hellem, indirektem Licht. Führe eine Kette um den äußeren Rand der Felge und befestige das Ende mit einem Schlüsselring ungefähr auf Höhe des ersten Drittels der Kette. Befestige die beiden anderen Ketten in gleichmäßigen Abständen ebenso. So entsteht ein Dreieck, das die Felge im Gleichgewicht hält. Hänge sie an den Deckenhaken und justiere die Ketten eventuell noch einmal nach.

3. **Führe das Hanfseil durch die Speichen und hänge die Vasen daran.** Verknote ein Hanfseil an den Speichen und führe es schlaufenartig dadurch, lasse die Schlaufen dabei unterschiedlich lang. Führe das Seil durch den Ring einer Glasvase und hänge sie auf. Führe das Seil dann weiter durch die Speichen und hänge auch die zweite Vase auf. Befestige eine weitere Vase am Seilende. Führe auch das andere Seil durch die Speichen, sodass sich unterschiedlich lange Schlaufen bilden, hänge zwei Vasen an das Seil und befestige am Seilende eine Vase.

4. **Fertige Luftpflanzen-Ketten an.** Verknote die Angelschnur fest an einer Speiche, ohne sie abzuschneiden. Befestige die Luftpflanzen an unterschiedlichen Höhen an der Schnur, indem du diese mehrfach um die Unterseite der Pflanzen wickelst und dann festknotest. Hänge so viele Luftpflanzen an die Schnur, bis das Arrangement die gewünschte Länge erhält. Schneide die Schnur dann ab (die längste Luftpflanzenkette auf dem Foto ist 2 m lang, die kürzeste 1,50 m). Hänge zwei weitere Ketten mit Luftpflanzen an den Kronleuchter (insgesamt 3 Ketten).

Um ihn noch weiter aufzufüllen, kannst du noch Spanisches Moos an das Hanfseil und die Angelschnur hängen.

5. **Fülle die Vasen.** Fülle den Boden der Vasen mit Rentierflechte und setze nach Belieben noch Luftpflanzen hinein. Besprühe die Pflanzen zweimal wöchentlich oder nach Bedarf mit Wasser, ohne sie aus den Vasen herauszunehmen.

Grünes Alphabet

LUFTPFLANZEN AUF HOLZBUCHSTABEN

Luftpflanzen

11–14 Luftpflanzen pro Holzbuchstabe:

Tillandsia abdita, Tillandsia bulbosa, Tillandsia butzii, Tillandsia capitata, Tillandsia caput medusae, Tillandsia ,Eric Knobloch', Tillandsia fuchsii, Tillandsia funkiana, Tillandsia harrisii, Tillandsia hondurensis, Tillandsia ionantha, Tillandsia juncea, Tillandsia magnusiana, Tillandsia streptophylla, Tillandsia stricta, Tillandsia velutina, Spanisches Moos *(Tillandsia usneoide)*

Material + Werkzeug

3 unbemalte Holzbuchstaben zur Dekoration*

Acrylfarben

3 Moosmatten, 41 x 46 cm (1 Bogen pro Buchstabe)

doppelseitige Klebefolie, ca. 150 x 50 cm

getrocknete Moose

Sekundenkleber

Schmirgelpapier

Kuli oder Bleistift

Schere

Pinsel oder Schwamm

Hammer und Nägel (optional)

*Kaufe am besten Buchstaben mit vorgebohrten Löchern – so wird das Aufhängen zum Kinderspiel.

TIPP FÜR EINE BESONDERE GELEGENHEIT

Tausche die Buchstaben je nach Anlass aus. Ich bastele oft solche Buchstaben für Hochzeiten und schreibe „Mann & Frau" oder die Initialen des Brautpaars. Du kannst in den wärmeren Monaten anstelle eines Kranzes auch einen einzelnen Buchstaben an einem Band an deine Haustür hängen.

1. **Bemale die Ränder der Buchstaben.** Schmirgele die Oberfläche der Buchstaben etwas ab, damit sie glatt wird. Bemale ihre Ränder in unterschiedlichen Farben. Lass die Farbe gut trocknen.

2. **Zeichne die Buchstaben auf.** Statte die Moosmatten mit doppelseitiger Klebefolie aus und lege eine Matte mit der Klebeseite nach oben vor dich hin. Platziere einen Buchstaben spiegelverkehrt darauf (das ist wichtig, damit der fertige Buchstabe nicht spiegelverkehrt erscheint!) und zeichne die Konturen mit dem Bleistift oder Kuli nach.

3. **Schneide die Buchstaben aus und klebe das Moos auf.** Schneide vorsichtig die Buchstaben aus dem Moos aus, ziehe das Trägerpapier ab und klebe das Moos auf die Vorderseite des Buchstabens. Wiederhole das mit den übrigen Buchstaben. Arrangiere die getrocknete Rentierflechte darauf und klebe sie fest.

4. **Bringe die Luftpflanzen an.** Arrangiere 11–14 unterschiedlich große Luftpflanzen auf jedem Buchstaben
   und klebe sie fest. Wenn der Kleber getrocknet ist,
   hänge die Buchstaben an einen hellen Ort mit indirektem Licht. Schlage dafür einen Nagel in die Wand und
   hänge einen Buchstaben an dem vorgebohrten Loch
   auf. Wiederhole das mit den übrigen Buchstaben.
   Besprühe die Luftpflanzen zweimal wöchentlich oder
   nach Bedarf mit Wasser.

Index

Herausgegeben von Fons & Porter Books, a division of F+W,
www.fwcommunity.com

Originaltitel Modern Terrarium Studio

© Megan George 2015

© Deutsche Ausgabe LV·Buch im Landwirtschaftsverlag GmbH,
48084 Münster, 2018

Übersetzung: Dr. Katrin Korch, www.literatur-und-mehr.de
Gestaltung: Clare Finney
Fotos: Michelle Smith
Satz: LV MediaPro im Landwirtschaftsverlag GmbH

ISBN 978-3-7843-5563-4

DANKSAGUNG

Mein herzlichster Dank gilt folgenden Personen:

Michelle Smith, Fotografin und Universal-Gelehrte:
Ich bewundere deine Kreativität, Leidenschaft und Energie,
heute genauso wie bei unserer ersten Begegnung. Direkt zu
erleben, wie du voll und ganz daran gearbeitet hast, dein
Handwerk zu perfektionieren, hat mich unbeschreiblich
motiviert. Wir haben zusammen gearbeitet, getüftelt und
gelitten, damit dieses Projekt so gut wie möglich wurde:
Dabei bist du mir eine Freundin fürs Leben geworden.

Jerome und Connie Pittman von J & C Greenhouses,
für euren Eifer und eure stetige Unterstützung meiner
Arbeit; ihr habt euer unschätzbares Wissen mit mir geteilt.
Eure wundervollen Sukkulenten haben meine Fantasie
angeregt, mein Herz höher schlagen lassen und meine
Designs inspiriert.

Etsy.com für die Bereitstellung meiner ersten globalen
Plattform, auf der ich meine Terrarien zeigen und verkau-
fen kann. Das hat mir Tür und Tor zu zahlreichen tollen
Gelegenheiten geöffnet, einschließlich dieser hier.

Amelia Johanson, für die Unterstützung und den
Glauben an eine junge 24jährige, die bisher nur wenige
Schritte in die große Welt gemacht hat. Und Stephanie
White und das ganze Team von F + W für eure Hilfe und
Zeit.

Fairview Greenhouses und Gartencenter, KARMOMO
Studio's Karm Choi, Richard Rinehart und anderen
Künster- und Geschäftskollegen, die mir ihre besten
Produkte für dieses Buch zur Verfügung gestellt haben.

Meiner Familie und meinen Freunden, die mich
ermutigt, geliebt und mir dabei geholfen haben, dass dieser Traum Wirklichkeit wurde, vor allem meinem Bruder,
M. Harrison George II und dem liebsten Andrew Cain:
Ihr ward beide geduldig und habt mir bei der Entstehung
immer euer Ohr geliehen, mir Hinweise gegeben, wenn
ich sie brauchte, manchmal auch unaufgefordert (was ich
beides sehr geschätzt habe).

Meiner Mutter und meinem Vater, Margaret und
Michael George: mein Fundament, Trost und kreativer
Anfang. Euch beiden vielen Dank.